PETER BALTES

LEBENSTECHNIK

PETER BALTES

LEBENSTECHNIK

Eine kritische Theorie des Alltags

WISSENSCHAFTLICHE BUCHGESELLSCHAFT
DARMSTADT

Einbandbild: Willi Bucher, Ölgemälde ohne Namen, 1986.

Die Deutsche Bibliothek – CIP-Einheitsaufnahme

Baltes, Peter:
Lebenstechnik: eine kritische Theorie des Alltags /
Peter Baltes. – Darmstadt: Wiss. Buchges., 1993
(WB-Forum; 84)
ISBN 3-534-80161-X
NE: GT

Gedruckt auf säurefreiem und alterungsbeständigem Werkdruckpapier
Satz: Setzerei Gutowski, Weiterstadt
Druck und Einband: Wissenschaftliche Buchgesellschaft, Darmstadt
Printed in Germany
Schrift: Linotype Wilke, 9.5/10.5

ISBN 3-534-80161-X

Meiner Frau Ingrid

Inhalt

Vorwort

Jeder Mensch kann aus den Bausteinen und Werkzeugen der Welt ein eigenes Konzept entwickeln, das ihm hilft, ein gutes Leben zu finden und zu führen.

Dies gilt allgemein als so selbstverständlich, daß darauf verzichtet wird, solche Konzepte an Heranwachsende in den entwikkelten Ländern zu vermitteln oder sie als Modelle in die Entwicklungsländer zu exportieren. Oder ist es etwa so, daß die Lehrenden keine Konzepte kennen, die zu vermitteln sie imstande wären? Sind solche Konzepte gar tabuisiert, weil das die Mächtigen schützt, denen es gelungen ist, eine dem eigenen Leben dienende Konstruktion zu entwerfen und zu realisieren? Das waren die Gedanken, die zur Entwicklung der hier folgenden kritischen Theorie des praktischen und wissenschaftlichen Lebens geführt haben. Wir stützen uns dabei auf erfahrungswissenschaftliche Erkenntnisse, insofern sie offenlegen, wie die Verhältnisse real sind; wir werden aber auch mit Hilfe logischen Denkens erkennen, wie die grundlegenden Bedingungen zur Gestaltung unserer Lebenswelt sein könnten und sollten.

Modelle und Theorien lassen sich nur schrittweise darlegen und auch nur schrittweise verstehen. Deshalb ist für den Leser einige Geduld vonnöten: er sollte mit einer ablehnenden Kritik warten, bis der Text genug Zeit und Raum hatte, ihm zu sagen, was beabsichtigt und was gemeint ist. Mit dem Begriff „gutes Leben" ist hier der Anfang zu machen: Es wird sich zeigen, daß damit nichts Selbstverständliches, sondern eine schwierige Aufgabe gegeben und zu bewältigen ist, um die sich zu allen geschichtlichen Zeiten die Menschen grübelnd und realisierend bemüht haben. Es war nie selbstverständlich, daß jeder selbst entscheiden darf und soll, was er unter seinem und dem gemeinsamen guten Leben verstehen will.

1. Existentielles Handeln

Mit dem guten Leben haben sich die Menschen philosophierend seit eh und je befaßt. Allerdings geben die großen Philosophen unterschiedliche Antworten: Nietzsche (1844–1900) beeindruckte, als er zweiundzwanzigjährig seinen Lebensentwurf so beschrieb: Der rechte Philosoph lebt „unweise, vor Allem unklug und fühlt die Last und die Pflicht zu hundert Versuchen und Versuchungen des Lebens: – er risquirt sich beständig, er spielt das schlimme Spiel" (1886, S. 137). Als Fünfundvierzigjähriger, nach Bordellbesuchen und Drogenkonsum, hat man ihn in Turin auf der Straße aufgelesen und nach Basel in eine Irrenanstalt gebracht, unheilbar krank. So entworfen und so geführt wird wahrscheinlich nichts aus dem guten Leben. Wir sollten uns deshalb eher jenen Philosophen zuwenden, die großartige Entwürfe mit gutem und langem Leben zu verknüpfen suchten und wußten: „Wer Mut zeigt in Waghalsigkeiten, der kommt um. Wer Mut zeigt, ohne waghalsig zu sein, der bleibt am Leben", erkennt Laotse, ein halbes Jahrtausend vor Christus. Aristoteles (384–322 v. Chr.) schlägt vor, nach „gutem Leben" mit „klarem Plan" zu streben. Seneca, 65 n. Chr. starb er auf Befehl Neros, warnt davor, „planlos umherzustreifen", da dies „zermalmt das Leben unter Irrtümern". Averroes (1126–1198) sieht, daß gutes Leben die Wissenschaft braucht: „Die wahre Praxis besteht in der Befolgung der Handlungen, welche die Seligkeit zur Folge haben, und in der Vermeidung derjenigen, welche die Unseligkeit zur Folge haben. Die Kenntnis dieser Handlungen heißt die praktische Wissenschaft." Kant (1724–1804) denkt ähnlich und nennt den einen „Ignoranten", der glaube, weiterkommen zu können „durch Herumtappen in Versuchen und Erfahrungen, ohne sich gewisse Prinzipien (die eigentlich das ausmachen, was man Theorie nennt) zu sammeln, und ohne sich ein Ganzes (welches, wenn dabei methodisch verfahren wird, System heißt) über sein Geschäft gedacht zu haben" (1793, S. 358).

Will der Mensch seine Welt lebensgerecht durchschauen und gestalten, so braucht er ordnende Systeme, die die Vielfalt des Lebens klären, und er benötigt Prinzipien, die ihm sagen, was gutes Leben sein darf. Als ein Gedankengebäude, das beides leisten kann, wird hier das Existentielle Handeln vorgestellt und erörtert: Wer über den Menschen nachdenkt, um sein Leben zu verstehen und es lebenswert zu gestalten, der beginne mit zwei Gedanken-Systemen, mit dem von Kant und mit dem von Darwin.

Mit Darwin, um zu begreifen, wie die Menschen leben, mit Kant, um zu erkennen, wie sie leben sollten. Verknüpft er dann beide Systeme miteinander und fügt ältere wie neuere Erkenntnisse ein, so entsteht ein umfassendes System, das als Modell des lebensbezogen handelnden Menschen seiner Ganzheit aus Körper und Geist, lebend in einer Umwelt, nahe kommt. Dieses Gedanken-System soll „Existentielles Handeln" heißen.

Der Mensch muß wohl davon ausgehen, in die Welt weitgehend als ein Ergebnis der natürlichen Evolution geboren zu sein (Darwin 1859). Fragt er nach dem Grund seiner Existenz als Organismus, ist daher eine erste Antwort bereits festgelegt: Jeder Organismus wird vom genetischen Material geschaffen. Er dient dazu, in der Zeit seines Bestehens sein genetisches Material zu vervielfältigen und diesem ein Weiterleben in neuen Organismen zu ermöglichen (Wickler und Seibt 1977). Die Existenzsicherung ist deshalb ein Grundziel jedes Organismus, auch des menschlichen.

Durch die Mutabilität des genetischen Materials sind im Laufe der Evolution des Menschen immer neue Verhaltensweisen und Verhaltensmöglichkeiten aufgetreten, von denen vor allem jene sich durchsetzten und erhalten blieben, die Leben und Fortpflanzung sicherer, wahrscheinlicher machten. Die Fähigkeit, Farben zu erkennen, läßt den Menschen reife von unreifen Früchten unterscheiden, der Geruchssinn hilft, verdorbene oder giftige Lebensmittel zu meiden, die Fähigkeit zu verallgemeinern ermöglicht ihm, von der existenzgefährdenden Erfahrung mit einem Raubtier auf ähnliche Tiere zu schließen und sich vorzusehen.

Der Mensch kann folglich die Welt und sich selbst hochwahrscheinlich nur relativ zu seiner Existenz, also existenzbezogen begreifen und erklären. Seine Wahrnehmungs- und Erkenntnismöglichkeiten haben sich evolutionsbedingt so entwickelt, daß sie dem Anspruch seines Organismus auf Existenzsicherung gerecht werden; er sollte daher nicht davon ausgehen, daß er die Welt erkennt, wie diese an sich ist (Niels Bohr 1938). Der Mensch kann grundsätzlich nur eine Welt des Menschen erkennen.

Kennzeichnendes Ergebnis des existenzbezogenen Wahrnehmens und Erkennens des Menschen ist sein bewußtseinsfähiges Wissen, das aus Informationen besteht, die er aufnimmt, verarbeitet, schafft und austauscht. Äußert er diese Information gegenüber anderen Menschen regelgeleitet mit Hilfe der Sprache (oder notfalls mit anderen Mitteln), sollen sie das Verhalten dieser Menschen beeinflussen. Wer regelgeleitet Informationen äußert, argumentiert. Der Autor gegenüber dem Leser, die Mutter gegenüber dem Kind, sie argumentieren. (Im Kapitel 2 werden die moralischen, im Kapitel 7 die lebenstechnischen Regeln eingeführt.)

Wer argumentiert, unterstellt und baut darauf, daß der Empfänger den Argumenten zugänglich ist: sie begründet akzeptiert oder ablehnt, folglich durch Argumente sein Verhalten beeinflussen läßt. Der Empfänger erweist sich dadurch als handlungsfähig, denn alles Verhalten, das Argumenten zugänglich ist, darf sich Handeln nennen (Schwemmer 1979). Für Tiere ist Handeln nicht charakteristisch. Sie verhalten sich. Igel, zum Beispiel, die Straßen als scheinbar existenzfreundliche Plätze nutzen wollen, lassen sich durch verbale Argumente nicht vom Gegenteil überzeugen. Sie sind Argumenten nicht zugänglich und daher nicht handlungsfähig. Sie verhalten sich, gemäß einem in ihrer Evolution entstandenen, heute aber existenzgefährdenden Programm.

Handeln ist das charakteristische Verhalten des Menschen. Es umfaßt erstens das durch andere Personen wahrnehmbare äußere Handeln: die Vorgänge zwischen den Menschen (insbesondere das Kommunizieren) und das Einwirken des Menschen auf die Natur (das Produzieren). Zum Handeln gehört zweitens das innere Handeln: Vorgänge wie Denken und Fühlen, die äußeres Handeln vorbereiten, begleiten und bewerten. Auch dieses innere Verhalten ist Argumenten zugänglich, fremden oder eigenen. Wer denkt, argumentiert mit sich selbst.

Alles Handeln ist, ob wir dies wünschen oder nicht, existenzabhängig und geschieht existenzbezogen, es kann folglich als „existentiell" bezeichnet werden (Baltes 1978, 1984). Nicht jedes existentielle Handeln jedoch ist gerechtfertigt. Viele Handlungen scheinen eher eigennützige Verhaltensweisen zu sein denn moralisch ausgewogene. Leicht zu beurteilen ist dies nicht. Um gerechtfertigtes Urteilen und Handeln vorzubereiten, ist es daher zweckmäßig, in diesem ersten Kapitel das Handeln und Verhalten deskriptiv zu erörtern, also zu beschreiben, wie die Menschen sich verhalten, ohne Maßstäbe moralischen Wertens zu entwerfen und anzulegen.

Im zweiten Kapitel wird dann, indem das Moral-System Kants hinzugenommen wird, ein präskriptives Modell entwickelt, ein Modell des gerechtfertigten Handelns, das nur eine Teilmenge des existentiell möglichen Handelns umfaßt: das „mutuelle" Handeln. Erst dieses Modell ermöglicht, das Verhalten der Menschen zu bewerten sowie in gerechtfertigter Weise zu beeinflussen.

Existentielles Handeln im Kräfte-System

Gutes Leben zu erhalten und zu entwickeln setzt voraus, gute Argumente zu haben. Theoriegestützte Argumente stammen aus verschiedensten Wissenschaften: Die Biologie befaßt sich mit dem genetischen Material und den Organismen, die Physik und die Chemie mit der räumlichen und stofflichen Veränderung der Materie, die Philosophie mit der Ordnung der Informationen, die Kommunikationswissenschaft mit deren Mitteilung.

Die einzelnen Wissenschaften stehen weitgehend unverbunden nebeneinander, der Handelnde jedoch sieht sich gezwungen, ihre Ergebnisse lebensbezogen, problembezogen miteinander zu verknüpfen. Jedes Problem, stellt er bei genauerem Hinsehen fest, hat direkt oder indirekt, mehr oder weniger mit Erkenntnissen aus unterschiedlichen, ja aus allen Wissenschaften zu tun. Wer daher die sich scheinbar fremden Ergebnisse verschiedener Wissenschaften existentiell sinnvoll, problemlösend zusammenbringen kann, hat bessere Argumente und damit größere Chancen, das gute Leben zu verwirklichen.

Hegel (1812/13) hat hierfür maßgebliche Vorarbeit geleistet, denn er beschreibt die Welt des Menschen als Einheit. In seinem Denkmodell ist sie ein Ganzes, ein Gefüge aus wirkenden Substanzen, von denen jede sowohl aktiv wie auch passiv ist, so daß auf jede Wirkung eine Gegenwirkung erfolgt. Bereits zwei Substanzen, die untereinander derart in Wechselwirkung stehen, bilden selbst ein Ganzes, sind aber als Ganzes stets auch Teil eines größeren Ganzen.

Parsons (1966) hat diese Ideen aufgegriffen und zur Grundlage seiner Systemtheorie genommen: Zwei Einheiten, oder beliebig viele, die miteinander in Wechselwirkung stehen, bilden ein System, welches stets auch Sub-System eines größeren Systems ist. Die Welt des Menschen besteht daher aus Systemen und Sub-Systemen, die miteinander verknüpft sind, wobei ein System für die anderen Systeme eine nur ihm mögliche Leistung erbringt: Aus der Perspektive des Menschen bilden Pflanzen und Tiere als organische Umwelt ein besonderes System, das ihm Nahrung für seinen Organismus zur Verfügung stellt; oder: Der Organismus des Menschen, ein Sub-System im Menschen, ist für diesen die Basis seiner Existenz als sozio-kulturelles Wesen; oder: Eltern und Kinder bilden als Familie ein Sub-System in der Gesellschaft und stehen mit dieser in Wechselwirkung. Als Familie tragen sie dazu bei, diese Gemeinschaft zu erhalten. Sie erwarten aber auch, daß die Gesellschaft für sie existentielle Leistungen erbringt: schulische, medizinische, kulturelle.

Die Leistung eines Systems für andere Systeme – und für sich selbst, so ist hinzuzufügen – ist nach PARSONS (1980) als die Funktion eines Systems zu definieren. Funktionen sind also Leistungen von existentieller Bedeutung. Die Funktion der Welt des Menschen besteht daher ganz allgemein in ihren potentiellen Leistungen für dessen Leben. Anschaulich wird dies, wenn man die heutige Welt evolutionsgeschichtlich betrachtet. Es zeigen sich dann drei aufeinander aufbauende Welten, die als Sub-Systeme die Welt des heutigen Menschen ausmachen. Es wird auf diese Weise auch einsichtig, daß Systeme nichts Statisches sind, sondern sich in evolutionärer oder evolutionsähnlicher Entwicklung befinden.

Erstes Welt-System: Welt ohne Leben

Vor etwa vier Milliarden Jahren entstand die Erde. Mehrere hundert Millionen Jahre dauerte es, bis sich Leben entwickelte. Jener ersten Welt ohne Leben entspricht in der heutigen Welt des Menschen, in seinem System, das Sub-System: Anorganische Umwelt (PARSONS 1966). Die Wechselwirkungen in diesem Sub-System werden vom Menschen als vorhersagbar, da kausal bestimmt (determiniert), wahrgenommen und zu Gesetzen, zu Naturgesetzen, verallgemeinert. Für die Existenz des Menschen bilden und stellen die anorganischen Substanzen und ihre Wechselwirkungen jene Bedingungen, die mit Hilfe chemischer und physikalischer Gesetzmäßigkeiten genutzt oder abgewehrt werden können, beispielsweise in der Medizin oder in den Ingenieurwissenschaften.

Zweites Welt-System: Welt der Pflanzen und Tiere

Mit dem Leben kam erster Sinn in die Welt der Wechselwirkungen; denn durch den Anspruch des genetischen Materials der Pflanzen und Tiere auf Leben und Ausbreitung erhielten die Wechselwirkungen eine existenzsichernde oder existenzgefährdende Bedeutung. Unter systemischem Gesichtspunkt interpretiert, ist diese zweite Welt ein System, das die chemisch-physikalischen, deterministischen Wechselwirkungen der ersten Welt als Sub-System enthält und als zweites Sub-System jene neuen Wechselwirkungen, die durch den Anspruch der Organismen auf Existenzsicherung entstehen.

Da deterministische Wechselwirkungen die Umweltbedingungen charakterisieren, unter denen sich der Anspruch auf Existenzsicherung realisiert, sind die entsprechenden Wechselwirkungen zwischen Organismen und anorganischer Umwelt weitgehend festgelegt: das existenzsichernde Verhalten kann durch Quasi-Gesetze (etwa durch die Verhaltens-Gesetze der Tierpsychologie) erklärt, verändert und vorhergesagt werden. Dieser belebten Welt, noch ohne Menschen, entspricht in der Welt des Menschen das Sub-System: Organische Umwelt (PARSONS 1966).

Drittes Welt-System: Welt des Menschen

Zum Anspruch auf Existenzsicherung gehörte bereits im zweiten Welt-System das „Wissen" der Organismen, sich lebensgerecht zu verhalten; es entfalteten sich und wirkten damals bereits existenzsichernde Verhaltens-Programme, Instinkte und Intelligenz. Aber erst mit der evolutionären Entwicklung des Menschen, der nicht nur seine Existenzsicherung durch Anpassung an die Natur erreichen will, sondern auch Existenzerweiterung durch Gestaltung der Natur anstrebt, tritt die Vernunft als jene „Substanz" auf, die das dritte Welt-System aus dem zweiten hervorgehen läßt (vgl. HABERMAS 1965).

Die Vernunft ist das Ergebnis menschlicher Entwicklung, die Vernunft bewirkt die menschliche Entwicklung. Auch die Vernunft ist Substanz in Wechselwirkung mit anderen Substanzen. Sie bewirkt Wechselwirkungen und entsteht durch Wechselwirkungen. Die Vernunft, so ist daher funktional zu definieren, umfaßt das bewußtseinsfähige Wissen des Menschen, insofern es als Substanz im System der Wechselwirkungen sowohl Existenzsicherung wie auch Existenzerweiterung ermöglicht.

Das Besondere, das eigentlich „Menschliche" des Menschen ist sein Bedürfnis nach Existenzerweiterung und die diesem Bedürfnis entsprechende Substanz: die Vernunft. (Es versteht sich von selbst, daß durch die Wechselwirkungen zwischen Vernunft und Körper auch menschliche Gefühle einzigartig sind – nicht nur die Gedanken sind es. Kein Tier kann sich zum Beispiel über Gerechtigkeit freuen. Es ist aber auch bei den Gefühlen des Menschen die Vernunft, die für die Einzigartigkeit verantwortlich ist.)

Biophysikalisch gesehen, haben bei der Evolution des Menschen jene Areale des Gehirns besonders zugenommen, die mit dem Denken, den physischen Voraussetzungen der Sprache, der Charakterentwicklung und der Kreativität zu tun haben (Schaefer und Novak 1972). Sie sind so hoch entwickelt, daß unter günstigen individuellen und sozialen Bedingungen ihre Kapazität vom Bedürfnis nach Existenzsicherung allein nicht ausgeschöpft wird. Es verbleibt überschüssige oder „freie" Energie, die Existenzerweiterung ermöglicht.

Die genannten Areale des Gehirns und ihre Leistungen (Funktionen) sagen auch einiges über die Merkmale aus, die dem Begriff „Existenzerweiterung" und der Vernunft als kennzeichnender Substanz zuzuordnen sind. Sie lassen sich in zwei Gruppen gliedern:

Existenzerweiterung äußert sich erstens in jeder genußfreudigen Tätigkeit und in allen „zweckfreien", d. h. als existenzsicherungsfrei erlebten Handlungen: im Spiel, in der Kunst, in der Unterhaltung, in der Muße.

Existenzerweiterung enthält zweitens die Entwicklung zum moralisch gerechtfertigten Handeln. Sie bedeutet hier Entwurf und Praxis gemeinsamen guten Lebens, durch die Liebe zum Partner oder als Mensch zur Menschheit. Gerade diese Merkmale brauchen mehr als nur eigennützig existenzsichernd ausgerichtete Intelligenz, so daß auch zu definieren ist: Intelligenz, die das moralisch Gerechtfertigte will, darf sich „Vernunft" nennen.

Die Wechselwirkungen in der wahrnehmbaren anorganischen Welt erscheinen dem Menschen als absolut vorhersagbar, also von deterministischer Art (Naturgesetze). Durch Tiere und Pflanzen kommen Wechselwirkungen hinzu, die nicht absolut zuverlässig vorhergesagt werden können, das Verhalten der Organismen (Verhaltens-Gesetze). Die Entwicklung der Vernunft und der Existenzerweiterung bewirken die dritte Welt, die Welt des Menschen, in der zwar deterministische und nahezu deterministische Wechselwirkungen stattfinden, aber auch Wechselwirkungen, für welche die Freiheit der Entscheidung kennzeichnend ist: eine Welt, in der gehandelt wird.

Wenn Menschen handeln, sind die Ergebnisse wesentlich weniger prognostizierbar, als es bei der Beobachtung intelligenten tierischen Verhaltens charakteristisch ist. Die Vernunft zeigt sich als schöpferische, geistige Substanz, die Wirkungen (Einflüsse) abwehrt oder unerwartete Wirkungen (Ergebnisse) erzeugt. Hegel (1812/13, S. 400) hat dies in folgender Weise formuliert: „Die Natur des Geistes ist es aber, noch in viel höherem Sinne als der Charakter des Lebendigen überhaupt, nicht eine Ursache sich in ihn kontinuieren zu lassen, sondern sie abzubrechen oder zu verwandeln.“ Aus der Sicht des an Gesetzen, an strenger mathematischer Ordnung und Vorhersagbarkeit orientierten Naturwissenschaftlers wächst also durch das Einwirken der Vernunft das „Chaos“: die Individualität des handlungsfähigen Menschen läßt sich durch die traditionelle Mathematik (z. B. statistisch) immer weniger vorhersagen, zumindest in einigen Bereichen der existenzerweiternden Lebensgestaltung, und die Individuen und ihre Gemeinschaft erscheinen daher zunehmend chaotisch (Devaney 1989). Dieses mathematische Chaos hat existentiell zwei Gesichter: Es wächst mit der Freiheit das Risiko, aber es wachsen auch die Chancen, gutes Leben durch individuelle Selbstverwirklichung zu gewinnen.

Vor allem der Geist, wir nennen ihn Vernunft, bewirkt jene Systeme, die die Welt des Menschen charakterisieren und aus der anorganischen wie organischen Natur herausheben: Kultur-System, Sozial-System (Gemeinschaft), Persönlichkeits-System (Parsons 1966, s. Abb. 4). Die Vernunft macht den Menschen zum Menschen, doch ist dieser eine Einheit, ein System aus den Sub-Systemen Organismus und Vernunft, die beide für seine Existenz von Bedeutung sind und wegen dieser Funktion in Wechselwirkung stehen. Der menschliche Organismus ist von der Vernunft mitgestaltet, er ist daher anders als der Organismus der Tiere. Um ihn abzugrenzen, bezeichnen wir ihn im weiteren als „Körperlichkeit“.

Die Körperlichkeit des Menschen ist besonders an der Existenzsicherung orientiert, seine Vernunft an der Existenzerweiterung. Der Existenzsicherung ist eher der Begriff der Notwendigkeit, der Existenzerweiterung eher der Begriff der Freiheit zuzuordnen. Die Grenze zwischen beiden Grundzielen liegt aber nicht fest, sie ist fließend und individuell variabel. Der Sinn im Handeln und Verhalten, der durch die Grundziele Existenzsicherung und -erweiterung gegeben wird, ist daher etwas Relatives: Jeder Handelnde gibt seinem Leben und seinen Lebens-Systemen einen besonderen, individuellen Sinn. Jeder Mensch, ob Hirte oder Jäger, schafft ein nur ihm eigenes Welt-System, steht in dessen Mittelpunkt und interpretiert aus dieser seiner Perspektive existenzbezogen die Substanzen und ihre Wirkungen. Dem Modell des existentiellen Handelns liegt aus diesem Grunde eine Position zugrunde, die als „existentieller Relativismus" zu bezeichnen ist.

Das Modell verzichtet auch aus erkenntnistheoretischen Gründen darauf, sich um das Erkennen und Gestalten des absolut Wahren zu bemühen; denn der sich evolutionär weiterentwickelnde Mensch kann, wie bereits dargelegt, stets nur mit seinen ihm eigenen Mitteln die Welt erkennen und beschreiben. Ein ferner Stern wird so, durch seine Entdeckung und Beschreibung, tatsächlich zu einem vermenschlichten Objekt.

Diese Erkenntnis nimmt uns ein Stück Lebenssicherheit. Nicht Sicherheit sondern Wahrscheinlichkeiten werden für unser Leben kennzeichnend. Aber: Der Mensch löst sich mit Hilfe des existentiellen Relativismus auch von Fesseln, er öffnet sich der Freiheit im Denken und der persönlichen Freiheit im Leben allgemein. Die Möglichkeiten des kreativen Menschen werden größer, die Toleranz gegenüber anderen Lebensformen und -stilen erhält durch den existentiellen Relativismus ihre gedankliche Grundlage; denn „Wahrheit" gilt jetzt, da ihr Prüfstein das gute Leben ist, als etwas Vorläufiges und Relatives. Ändert sich das gute Leben in einem Merkmal, beispielsweise durch eine Mutation, ändert sich auch die existentielle Wahrheit. Radikal formuliert: „Wahr" ist das, was für das gute Leben von Bedeutung ist.

Allerdings kann auch dieser existentielle Relativismus nicht als absolut wahr behauptet werden – er widerlegte sich damit selbst. Es ist uns lediglich erlaubt zu postulieren, daß er hochwahrscheinlich dem guten Leben am besten gerecht wird. Und weitere Beschränkungen des existentiellen Relativismus werden einzuführen sein, wenn im zweiten Kapitel eine für alle Menschen verbindliche Moral zur notwendigen gemeinsamen Wahrheit wird.

Das Kräfte-System

Wechselwirkungen werden durch Substanzen hervorgerufen, die sowohl aktiv wie auch passiv sind: auf jede Wirkung erfolgt eine Gegenwirkung. Kräfte erzielen Wirkungen. Die Substanzen, ob gedankliche (Vorstellungen, Ideen, Begriffe), organische (Körper, Verhalten, Gefühle) oder anorganische (Materie in Raum und Zeit), lassen sich daher alle als Kräfte auffassen und bezeichnen, wobei die Bezeichnung „Kraft“ lediglich eine zweckmäßige, da lebensgerechte Metapher ist, die das Bemühen erleichtert, sich selbst und die Umwelt zu erkennen und zu verändern: Der Begriff „Kraft“ ist hinreichend abstrakt und verallgemeinerungsfähig, so daß alle Substanzen, alle Elemente in der Welt des Menschen als Kräfte bezeichnet werden können; er ist andererseits noch anschaulich genug, um auch im nichtwissenschaftlichen Alltag verwendbar zu bleiben.

„Kraft“ verbindet also Theorie und Praxis, und dies ist ein existentiell wesentlicher Vorteil gegenüber Metaphern höherer Abstraktionsstufe, die grundsätzlich ebenfalls für alle Elemente verwendet werden könnten, aber weniger anschaulich sind: „Energie“, „Information“, „Pattern“ (vgl. insbesondere Newton 1687: Die Welt als ein Gefüge aus Kräften; auch Lewin 1951, Jokisch 1981, Ulmer, Häfele und Stegmaier 1987).

In der Welt des Menschen als System bilden dann Vernunft und Natur die Grundkräfte im Feld der Wechselwirkungen. Eine solche Unterscheidung erweist sich als existentiell zweckmäßig. Mit ihr wird nicht behauptet, daß es beide Kräfte als voneinander absolut verschiedene Substanzen tatsächlich gibt, wohl aber, daß diese Unterscheidung gutes Leben wahrscheinlicher macht. Die weiteren Ausführungen werden dies belegen. Hier muß es genügen, beispielhaft darauf hinzuweisen, daß die Trennung in Natur und Vernunft zu begreifen hilft, wieso der Mensch in die Natur neue Elemente einführen kann, die ohne ihn dort nicht existierten, unter anderen die Moral.

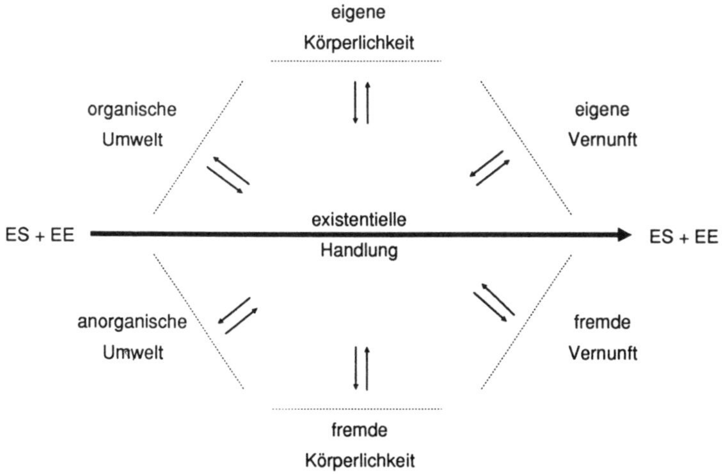

Abb. 1: Die Handlung im Kräfte-System. – Jede Person hat einen bestimmten Stand an Existenzsicherung und Existenzerweiterung erreicht. Durch eine Handlung sichert sie diesen Stand oder versucht, ihn zu verbessern, zu erweitern. Existenzsicherung und Existenzerweiterung (ES + EE) sind deshalb die Antriebskräfte einer Handlung und gleichzeitig ihr Ziel. – Jede Handlung geschieht existenzbezogen in einem Kräfte-System, das sich aus sechs Kräften und ihren Wechselwirkungen bildet. Die kennzeichnenden Kräfte der handelnden Person sind die eigene Vernunft und die eigene Körperlichkeit. Andere Personen sind als fremde Vernunft und fremde Körperlichkeit an der Handlung beteiligt oder von ihr betroffen. Die nichtmenschlichen Kräfte, die zu einer Handlung gehören, sind solche der organischen und der anorganischen Umwelt.

Sowohl Vernunft als auch Natur lassen sich, indem genauer nach den lebensdienlichen Funktionen der Kräfte gefragt wird, in insgesamt sechs Kräfte unterteilen: Die Vernunft in eigene und nichteigene Vernunft (hier „fremde“ Vernunft genannt), die Natur in eigene und fremde Körperlichkeit sowie in organische (lebende) und anorganische (tote) Umwelt. Auf diese Weise ergibt sich die Möglichkeit, wie Abbildung 1 zeigt, jede Handlung (und auch alles menschliche Verhalten) so abzubilden, daß sie sich im Feld der Wechselwirkungen dieser sechs Kräfte vollzieht, als Kraft in einem Kräfte-System.

Die Substanzen, die wir Menschen in unserer Welt wahrnehmen, können auch durch eine weit höhere Zahl von Kräften abgebildet und geordnet werden, etwa wie es weiter unten geschieht durch die Untergliederung der organischen Umwelt in Tiere und Pflanzen. Jede Kraft ist gleichzeitig ein Kräfte-System, das in Sub-Systeme unterteilt ist, doch ist das hier vorgeschlagene Kräfte-System aus 6 Kräften eine hinreichende Grundstruktur, weil sie die meisten Ereignisse hinreichend klärt. (Die Vernunft entwirft – zum Beispiel – an Neujahr einige gute Vorsätze; die eigene Körperlichkeit bewirkt im Laufe des Jahres, daß sie mehr oder weniger vergessen werden; fremde Vernunft ermahnt uns; fremde Körperlichkeit lenkt uns ab; die organische und anorganische Umwelt setzt günstige oder ungünstige Bedingungen.) Die „Lebensstruktur" (Abb. 4) wird deutlich machen, wie komplex das tatsächliche Kräfte-System ist, in dem jeder einzelne lebt, aber sie wird auch zeigen, daß jedem Kräfte-System die sechs Kräfte zugrunde liegen.

Für den Handelnden, der als Person ein Gefüge aus Vernunft und Körperlichkeit ist, besteht die Bedeutung der Kräfte darin, daß sie die Möglichkeiten seiner Existenzsicherung und -erweiterung, also seines guten Lebens bestimmen, seine Erkenntnis- und Veränderungsmöglichkeiten etwa fördern oder einschränken. In diesen Prozessen unterscheiden sich die Kräfte aufgrund ihrer unterschiedlichen Funktionen, da mit ihren spezifischen existenzbezogenen Aufgaben entsprechende Eigenschaften und entsprechende Aktivitäten einhergehen müssen. Wer, wie es der Vernunft ja auferlegt ist, „Kapitän und Steuermann" im Kräfte-System „Person" sein soll, muß aufgabengerechte Eigenschaften besitzen und zu aufgabengerechten Aktivitäten fähig sein. Es ist daher existentiell zweckmäßig, die Kräfte über ihre jeweiligen Eigenschaften und Aktivitäten zu bestimmen und so voneinander konkreter zu unterscheiden.

Die Definition der Kräfte ist aber grundsätzlich nur annähernd möglich: Die erkennende Vernunft ist Ergebnis evolutionärer Prozesse, an denen sowohl die Körperlichkeit wie auch die Umwelt als Kräfte beteiligt waren und durch ihre Wirkungen in das Ergebnis „Vernunft" eingegangen sind. Es wird daher – der Vernunft – im Folgenden nur unvollkommen gelingen, die Kräfte über Definitionen eindeutig zu trennen:

– Vernunft: Kraft, die mit Hilfe von Eigenschaften wie Begriffe, Ideen, Urteile und durch Aktivitäten wie Verallgemeinern,

Schlußfolgern, Erfinden, Prüfen, Mitteilen das Existentielle erkennt und verändert.

– Körperlichkeit: Kraft, die mit Hilfe von Eigenschaften (Körperbau, Organe, Empfindungen, Vorstellungen, Bedürfnisse, Gefühle) zu existentiellen Aktivitäten wie Wahrnehmen, Speichern, Sich-Erinnern, Mitteilen, Bewegen, Vermehren fähig ist.
– Organische Umwelt: Tiere und Pflanzen als Kräfte, die aufgrund besonderer Eigenschaften zu Aktivitäten fähig sind und existentiell genutzt werden.
  Tiere: Kräfte mit kennzeichnenden Eigenschaften (Körperbau, Organe, existenzsichernde Verhaltensprogramme, Gefühle, Bedürfnisse) und Aktivitäten (Wahrnehmen, Speichern, Sich-Erinnern, Sich-Äußern, Bewegen, Vermehren).
  Pflanzen: Kräfte mit kennzeichnenden Eigenschaften (Organische Struktur, existenzsichernde Programme) und Aktivitäten (Wuchs, Nahrungsaufnahme, Speichern, Vermehren).
– Anorganische Umwelt: Unbelebte Kräfte mit Eigenschaften wie Masse, Form, Größe, Temperatur, Valenz, die in Zeit und Raum physikalisch oder chemisch wirken.

Für jedes Individuum hat jede Kraft eine besondere Bedeutung und Ausprägung: Der Handelnde sieht sich im Mittelpunkt der Welt, er besitzt eine nur ihm eigene Welt, ob er sie wahrnimmt oder auf sie einwirkt; denn eine andere Position und Perspektive ist dem Menschen nicht möglich. Zwar kümmert den Mond das Fernrohr nicht, doch der Betrachter steht mit dem Mond in Wechselwirkung: Was er wahrnimmt, ob er einen Stern betrachtet oder mit einem Menschen kommuniziert, ist gleichzeitig vom Objekt und dessen wechselnden Merkmalen wie auch von den mehr oder weniger entwickelten Merkmalen seiner eigenen Wahrnehmung abhängig. (Damit ist nicht bestritten, daß es das Kräfte-System „Mond“ unabhängig vom Menschen hochwahrscheinlich gibt, nur kann niemand es in dieser Unabhängigkeit wahrnehmen.) Daher stehen grundsätzlich, aus der Perspektive eines Menschen als Individuum, die oben beschriebenen sechs Kräfte durch ihre Eigenschaften und Aktivitäten auch zu ihm in Beziehung, selbst wenn sie, chemische Substanzen zum Beispiel, an sich untereinander wirken. Sie werden dadurch zu relativen Kräften, die mit ihm ein individuelles Kräfte-System bilden, das seine Existenz ausmacht. Dieses individuelle

Kräfte-System werden wir die „Lebensstruktur“ (vgl. Abb. 4) eines Menschen nennen.

Die Wechselwirkungen in Kräfte-Systemen

Auf der Grundlage der bisher getroffenen Festlegungen ist zu formulieren: Jeder Handelnde bildet als Einheit aus Vernunft und Körperlichkeit ein Kräfte-System, das in Kräfte-Systemen lebt. Kräfte-Systeme bestehen aus Substanzen, von denen Wirkungen ausgehen. Aus der Sicht des Handelnden, die für ihn wesentlich ist, besteht jedes Kräfte-System aus Substanzen, die für sein eigenes Leben und für das Leben allgemein von Bedeutung sind, insofern sie auf es einwirken oder durch es gestaltet werden.

Dabei ist keine Substanz gegen die andere bloß passiv, sondern sie ist selbst stets auch aktiv (Kant 1784/85). Es gibt daher grundsätzlich keine unilateralen Beziehungen in Kräfte-Systemen, sondern ausschließlich wechselseitige. Nur wenn einzelne Relationen aus ihrem umfassenden Kräfte-System gelöst werden, um sie isoliert zu betrachten, erscheinen komplexe Wechselwirkungen als einfaches Ursache-Wirkungs-Verhältnis. Zwar ist es zum Beispiel zweckmäßig zu untersuchen, welchen Einfluß die Luftfeuchtigkeit auf das Wachsen einer Pflanze hat, das tatsächliche Geschehen, das Wachsen der Pflanze, hängt aber von einer Vielzahl von Kräften ab. Hinzu kommt: Wächst die Pflanze, gibt sie auch selbst zunehmend Feuchtigkeit ab, sie läßt die Luftfeuchtigkeit anwachsen. Im weiteren wird sich zeigen, daß dieses ganzheitliche, systemische Denken von großer Bedeutung ist, wenn es darum geht, Probleme der Menschen zu durchschauen und Problemlösungen zu planen. (Allerdings: Von der Überzeugung, mit Hilfe linearer Korrelationen zwischen „unabhängigen“ und „abhängigen“ Variablen [Kräften] die Bedingungen des Lebens zuverlässig erkennen zu können, ist wohl grundsätzlich Abschied zu nehmen.)

Das wechselseitige Einwirken zwischen den Kräften ist beschreibbar als ein Prozeß, der sowohl formale wie auch inhaltliche Momente aufweist:

Die Substanzen, also die wirkenden Kräfte mit ihren Eigenschaften, bilden den Inhalt des Prozesses: Was wirkt? (Die Pflanze wächst durch Feuchtigkeit, durch mineralische Stoffe, durch Licht.)

Die jeweiligen Aktivitäten der Kräfte bestimmen die formalen Merkmale, die an einem Prozeß zu beobachten sind: Wie verläuft der Prozeß? (Das Wachstum der Pflanze strebt aus Gründen der Existenzsicherung zum Licht hin, es verläuft zielorientiert, bei Pflanzen nach gut berechenbaren Mustern.) Betrachten oder gestalten Menschen einen Prozeß, ist es ihnen daher möglich, gedanklich folgende formale Merkmale zu unterscheiden: Ziel des Prozesses, Iststand und „Approximation"; mittelbare oder unmittelbare Wirkungen zwischen Kräften; deterministische Wirkungen oder Freiheit gewährende; dialektische oder additive.

In den nächsten Abschnitten werden zunächst diese formalen Merkmale der Wechselwirkungen zwischen Kräften definiert und eingehender erörtert.

Ziel, Iststand, Approximation

Das Grundziel aller Organismen ist die Existenzsicherung. Beim Menschen kommt als zweites Grundziel die Existenzerweiterung hinzu. Verhalten und Handeln sind als Prozesse daher grundsätzlich zielbezogen zu interpretieren, sie haben das gute Leben zum Zweck: sie streben als Prozesse – bewußt oder nicht – auf einen Zielpunkt hin, haben einen Ausgangspunkt und nähern sich, gefördert durch Mittel, dem Ziel. Strukturiert folglich der bewußt Handelnde eine Handlung hinsichtlich ihres Verlaufes, also als Prozeß, kann er dies tun mit Hilfe der Momente Ziel, Iststand und Annäherung (an das Ziel). Die Bezeichnung „Iststand" macht darauf aufmerksam, daß zu Beginn der Handlung ein Kräfte-System vorliegt, das sich vom erstrebten Ziel, einem erwünschten Kräfte-System, unterscheidet.

Für die Annäherung an das Ziel wird der Begriff „Approximation" vorgeschlagen, um sowohl das Prozeßhafte wie auch die Unvollkommenheit des Handelns hervorzuheben. Das existentielle Ziel, den zielbezogenen Iststand und die Bedingungen der Realisierung des Zieles vermag der Mensch ja nur unvollkommen zu erkennen und zu gestalten (vgl. Bachelard 1927). Zwar kann der Handelnde versuchen, zielhinderliche Bedingungen zu umgehen oder zu schwächen, aber alle ganz auszuschließen, beispielsweise die Unvollkommenheit der menschlichen Erkenntniskraft, erweist sich als unmöglich.

Reales Handeln durch Kommunizieren oder Produzieren bewirkt grundsätzlich nur Annäherungen an das Ideal. Daher ist es existentiell zweckmäßig, allgemein zu unterstellen und davon auszugehen, daß die vom Menschen gestaltete Welt, seine Umwelt und er selbst, lediglich aus mehr oder weniger gelungenen Approximationen besteht.

Dialektische und additive Wirkungen

Die Bedeutung einer Kraft ist davon abhängig, wie sie zu unseren existentiellen Ansprüchen steht, ob günstig oder ungünstig. Unter der Perspektive des guten Lebens und den daraus abgeleiteten Zielen lassen sich die Kräfte daher in folgender Weise unterscheiden:

Stehen Kräfte im Gegensatz zu den Zielen, als Hindernisse oder gegenwirkend, bezeichnen wir diese Relation und solche Kräfte als dialektisch. Dialektische Kräfte scheinen das gute Leben zu erschweren, häufig führen sie aber auch zu besserem Leben. Zwei Beispiele:

Existenzsicherung ist ein Ziel des Menschen. Übermäßige Kälte und Feuchtigkeit sind hier dialektische Kräfte. Dies führte zur Entwicklung von Haus und Dach. Die Baukunst aber ist heute auch Teil der Existenzerweiterung des Menschen.

Die Beschränkung der Ressourcen steht dem Recht aller Menschen auf gutes Leben dialektisch gegenüber. Teilen und Kooperation erweisen sich daher als notwendig. Die sich hieraus entwikkelnde Partnerschaft, obwohl im Grunde von der Notwendigkeit erzwungen, hat aber für den heutigen Menschen einen Wert erlangt, der über das Notwendige, über die Existenzsicherung weit hinausgeht.

Dialektische Wechselwirkungen beinhalten nicht nur Risiken, sondern – wie die Beispiele zeigen – auch existentielle Chancen. Hegel (1812/13, S. 286) nennt daher dialektische Kräfte und Relationen „die Wurzel aller Bewegung und Lebendigkeit".

Auf die Ziele des Menschen bezogen, wirken Kräfte aber nicht immer gegensätzlich, also existenzgefährdend oder hemmend. Der menschliche Körper hat sich im Laufe der Evolution derart angepaßt, daß er – wie ein Fisch im Wasser – von umgebenden Kräften getragen und gestützt wird. Solche Kräfte nimmt der Mensch nicht als existenzgefährdend, sondern als selbstverständlich, als neutral oder als fördernd wahr: Es dauert Jahre, bis ein Kind sich bewußt

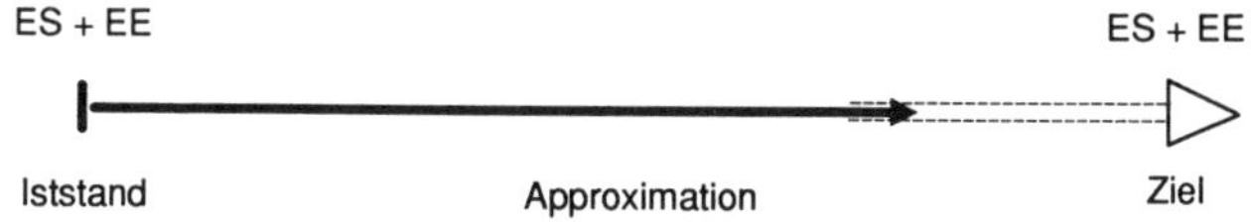

Abb. 2: Prozessuale Momente einer Handlung. – Ziel, Iststand und Approximation bilden die prozessualen Momente jeder Handlung. – Die Handlung geht von einem existentiellen Iststand aus, der Existenzsicherung und Existenzerweiterung (ES + EE) umfaßt. Sie versucht, ein existentielles Ziel zu realisieren, das also ebenfalls von existenzsichernder oder -erweiternder Bedeutung ist. – Das existentielle Ziel, den zielbezogenen Iststand und die Mittel der Zielerreichung kann der Handelnde nur unvollkommen bestimmen. Daher bleibt jede Realisierung unvollkommen. Alle Handlungen erreichen nicht mehr als Annäherungen an das Ziel. Als Prozeß und als Ergebnis sind sie Approximationen.

wird, daß es atmet. Und diese Erkenntnis wird in ihm keine Konflikte hervorrufen, sie ist ohne weiteres assimilierungsfähig (Piaget 1976), da das Atmen als Mittel des Lebens wahrgenommen, gefühlt und schließlich beurteilt wird.

Allgemein gesagt: Unterstützt eine Kraft die andere konfliktfrei, wird sie also von dieser ohne Widerstreben als existentielles Mittel interpretiert, werden ihre Wirkungen im weiteren als „additiv" bezeichnet, auch wenn das Ergebnis der Wirkung kleiner oder größer ist als die Summe der Wirkungen. (Ein tödliches Gift verstärkt das andere in der Wirkung, es wirkt additiv, ohne daß man erwarten darf, die Summe der Wirkung mathematisch genau bestimmen zu können.)

Handeln ist in der Realität stets ein Gefüge aus dialektischen und additiven Wirkungen. Nur akzentuierend können wir das Streiten als ein dialektisches Argumentieren, das Rechtgeben als additives Argumentieren bezeichnen. In der Auseinandersetzung und in der Zustimmung geht es um Probleme und ihre Lösungen. Hierbei wirken bei genauer Betrachtung immer stützende wie gegensätzliche Kräfte mit.

Allgemein werden im Handeln, unter dem Gesichtspunkt der Approximation, additive Kräfte als „Mittel" bezeichnet, die dialektischen Kräfte dagegen, die ein gefaßtes Ziel – ob das Ziel nun gerechtfertigt ist oder nicht – erschweren, als hemmende oder gegenwirkende Bedingungen.

Determinismus und Freiheit

In Kräfte-Systemen kommt es nicht nur zwischen den Kräften zu Wechselwirkungen, sondern auch innerhalb jeder Kraft. Eine Kraft ist ja selbst bereits ein System aus ihren Merkmalen.

Wirkungen und Gegenwirkungen innerhalb der anorganischen Umwelt nehmen wir als deterministisch wahr, sie scheinen sich mit naturgesetzlicher Notwendigkeit zu vollziehen: Chemische Prozesse verlaufen vorhersagbar, ihre Ergebnisse kann man berechnen.

Demgegenüber erscheinen die Wechselwirkungen innerhalb der Vernunft als mehr oder weniger durch Freiheit gekennzeichnet. Der Gesprächspartner lehnt ein gerechtfertigtes Argument ab oder stimmt ihm zu; ein Zeuge sagt vor Gericht die Wahrheit oder – vielleicht aus Angst, körperlichkeitsbedingt – bewußt die Unwahrheit; der Physiker interpretiert die Welt als ein System aus Informationen oder aber als ein System aus materialen Teilchen.

Die Vernunft kann der Natur näher oder entfernter stehen. KANT (1784/85) erkennt daher zwei unterscheidbare Leistungen (Funktionen) der Vernunft und spricht von der „reinen" und von der „praktischen" Vernunft. Er ordnet der „reinen Vernunft", deren Leistung die spekulative Erkenntnis und Konstruktion einer idealen Welt ist, bedingungslose Freiheit zu, insofern sie sich von aller Erfahrung zu lösen vermag. Die „praktische Vernunft" dagegen, deren Funktion in der Erkenntnis oder Veränderung der realen Welt besteht, orientiert sich zusätzlich an existenzsichernden Bedingungen (vgl. KAULBACH 1978).

Aus existentieller Sicht ist zu erläutern: Die Vernunft kann beide Leistungen für sich beanspruchen, jedoch nur als Approximationen:

Die „reine Vernunft" bleibt unaufhebbar eingebunden in das gesamte Kräfte-System aus Vernunft und Natur. Daher existiert sie nur als ein Bestreben, von den Bedingungen der Natur, von den vorliegenden Verhältnissen abzusehen. Je weniger Bedingungen aber sie schließlich berücksichtigen muß, um so größer wird dann die Zahl ihrer Möglichkeiten, um so „freier" kann sie wirken. Auf diese Weise wird sie tatsächlich fähig, sich Ideale auszudenken oder Sachverhalte zu schaffen, die über das, was sich in der menschfreien Natur findet, hinausgehen. Die Freiheit als Ideal hat hier ihre Begründung, aber auch Goethes Gedicht, das den Flammentod preist.

Die „praktische Vernunft" existiert, insofern die Vernunft einerseits Ideale zu realisieren versucht, andererseits ihren Bezug zur Lebenspraxis nie ganz ablegt oder ausdrücklich sucht. Denn die praktische Vernunft will neben der Existenzerweiterung auch die Existenzsicherung und hat sich dann, will sie überleben, an „zwingende" Bedingungen anzupassen. Sie ist daher weniger frei als die reine Vernunft und steht der Körperlichkeit und ihren Notwendigkeiten näher.

Wirkungen und Gegenwirkungen innerhalb der Körperlichkeit des Menschen lassen sich weitgehend durch Verhaltensgesetze erklären. Diese sind von quasi-deterministischer Qualität, da sie einerseits stark vom Determinismus chemisch-physikalischer Prozesse bestimmt sind, andererseits sich aber doch auch in der Einheit aus Körperlichkeit und Vernunft vollziehen (PARSONS 1966).

Dem Determinismus noch näher stehen die Lebensäußerungen in der organischen Umwelt, von Tieren und Pflanzen, so daß man zusammenfassend von einem Kontinuum zwischen Determinismus und Freiheit sprechen und ausgehen kann:

Determinismus ←—				—→ Freiheit
anorgan. Umwelt	organ. Umwelt	Körperlichk. des Menschen	praktische Vernunft	reine Vernunft

Abb. 3: Ort der Kräfte auf dem Kontinuum zwischen Determinismus und Freiheit.

Die Qualitäten der Wechselwirkungen innerhalb der Kräfte beeinflussen die Wirkungen und Gegenwirkungen zwischen den Kräften. Wechselwirkungen, an denen die Vernunft beteiligt ist, enthalten stets ein bestimmtes Quantum an Freiheit; aber nur einen mehr oder weniger großen Anteil, weil gleichzeitig die Natur mitwirkt und durch deterministische oder quasideterministische Bedingungen ihre Zwänge einbringt.

Insgesamt ist es daher für den Menschen zweckmäßig, er steht zwischen Notwendigkeit und Freiheit, sich bewußt an Wahrscheinlichkeiten, an nur wahrscheinlich zutreffenden Aussagen, an lediglich wahrscheinlich eintreffenden Ergebnissen zu orientieren – statt von sicheren Ereignissen auszugehen oder auch von der absoluten Freiheit der Entscheidung und damit von nicht vorhersagbaren Ergebnissen: Kräfte erzeugen in Kräfte-Systemen mit höherer oder geringerer Wahrscheinlichkeit eine erwartete Wirkung. Dies entspricht dem Denken und den Modellen der Atomphysik (Niels Bohr 1938), und es kennzeichnet die alltägliche Erfahrung mit den Bedingungen, unter denen wir Menschen leben.

Eines ist besonders festzuhalten: Je stärker die Vernunft beteiligt ist, um so größer ist der Freiheitsraum. Dies ist von wesentlicher Bedeutung, wenn Menschen auf Menschen einwirken. Argumente sind die kennzeichnenden Äußerungen der Vernunft. Daher wird im weiteren darauf aufzubauen sein, daß die relative Freiheit der Menschen untereinander mit Argumentieren einhergeht.

Mittelbare und unmittelbare Wirkungen

Wenn wir von „Kräften" sprechen, verwenden wir eine lebensdienliche Metapher. Wir behaupten nicht, daß es beispielsweise die Vernunft und die Körperlichkeit als tatsächlich getrennte Substanzen gibt. Dies gilt in gleicher Weise für die Begriffe „mittelbar" und „unmittelbar". Wir verwenden sie, da sie es leichter machen, gutes Leben zu erkennen und zu realisieren.

Zwischen Vernunft und Körperlichkeit einer Person nehmen wir unmittelbare Wechselwirkungen wahr: Ermüdung der Körperlichkeit führt (mit hoher Wahrscheinlichkeit) unmittelbar zur Ermüdung der Vernunft.

Chemische und physikalische Kräfte wirken gegebenenfalls unmittelbar auf den Organismus, auf die Körperlichkeit: chemische Stoffe, die als Nahrung aufgenommen werden; physikalische Kräfte wie Temperatur oder Schwerkraft.

Die eigene Vernunft dagegen kann nicht unmittelbar auf die Umwelt wirken, und die Umwelt nicht unmittelbar auf die eigene Vernunft; als Mittel wird zumindest die Körperlichkeit benötigt. Zwischen eigener und fremder Vernunft bestehen also nur mittelbare Wirkungen. Dies erhöht die Chancen, frei zu entscheiden (beispielsweise, da die Gedanken also frei sind, ein Argument zu akzeptieren oder es abzulehnen), es erhöht aber auch die Wahrscheinlichkeit von Störungen (man muß nicht zuhören!).

Eine weitere Folge ist die unterschiedliche Freiheit in der Gestaltung: Kulturelle und soziale Merkmale variieren, da sie weitgehend intelligenz- oder vernunftbegründet sind, am stärksten zwischen den menschlichen Gesellschaften; dagegen sind die Bedingungen, an denen die anorganische Umwelt stark beteiligt ist, eher festgelegt: die Bedeutung eines Fremdwortes muß mitgeteilt werden, die Bedeutung einer von Naturgesetzen abhängigen Konstruktion, die beispielsweise als Dach einer Behausung dient, ist ohne weiteres erkennbar.

Kräfte als Mittel der Approximation

Für die Approximation gilt allgemein, daß eine Kraft unmittelbar oder mittelbar (mit Hilfe anderer Kräfte) wirken kann. Es genügt daher nicht, in diesem Zusammenhang allein von Wechselwirkungen zu sprechen: eine Kraft kann auch eine andere aktivieren, und diese wirkt nicht nur zurück, sondern hat, da sie eine Bedingung der Approximation sein soll, ihre Funktion gerade darin, auf eine andere Kraft weiterzuwirken. (Eine Mutter ruft den Vater zur Hilfe, damit er die Tochter überzeuge.) Diese Art von Kausalität liegt vor, wenn eine Kraft eine andere als Mittel der Approximation einsetzt.

Sowohl Vernunft und Körperlichkeit des Menschen wie auch die Organismen der lebenden Umwelt setzen Kräfte als zielförderliche Bedingungen ein, also als Mittel der Approximation. Grundsätzlich läßt sich über den Menschen sagen, daß Kenntnis und Gebrauch der Mittel wesentlich bestimmt sind von individuellen und stammesgeschichtlichen Erfahrungen des Überlebens. Die Technologie gründet daher weitgehend auf existenzsichernden Erkenntnissen, doch darf dies nicht dazu verleiten, auch ihre Wirkungen ungeprüft als existenzsichernd zu behaupten. Jede neue Anwendung schafft ein neues Kräfte-System mit existentiell additiven oder dialektischen Wirkungen, die, wenn sie Ergebnisse dialektischer Prozesse sind, bei stofflichen Veränderungen durch chemische Prozesse beispielsweise, nicht vollständig vorausberechnet werden können.

Handlungs- und Verhaltens-Systeme

Wirken zwei oder mehr Kräfte wechselseitig, bilden sie ein Kräfte-System. Ist wenigstens eine dieser Kräfte die Vernunft, kann das Kräfte-System dann als ein Handlungs-System bezeichnet werden, wenn die Vernunft in der Lage ist, ihrer Funktion gemäß für Existenzsicherung und -erweiterung zu wirken. Sie ist dabei entweder passive oder aktive Kraft. Wer eine Nachricht hört und über sie nachdenkt, schafft dadurch ein Handlungs-System, an dem seine Vernunft sowohl als passive Kraft (Nachrichten empfangend) wie als aktive Kraft (Nachrichten verarbeitend) beteiligt ist.

Als aktive Kraft äußert sich die Vernunft durch Argumentieren, mit Hilfe ihrer Eigenschaften (Begriffe, Ideen, Urteile) und durch funktionsgerechte Aktivitäten (Verallgemeinern, Schlußfolgern, Erfinden, Prüfen, Mitteilen). Dies kann inneres oder äußeres Handeln sein. Im inneren Handeln erkennt und plant die Vernunft, sie argumentiert mit sich selbst. Im äußeren Handeln, wenn sie sich an fremde Vernunft wendet, heißt Argumentieren, additives und dialektisches Wissen in verbaler oder nonverbaler Form zu äußern. Ein Politiker argumentiert, wenn er auf einer Versammlung seine Ideen vorträgt und begründet. Im inneren Handeln, seine Rede entwerfend, hat er dies vorbereitet.

Als passive Kraft ist die Vernunft den Argumenten zugänglich; sie ist fähig, sowohl additive wie auch dialektische Argumente, die fremde Vernunft äußert (aber auch solche, die sie in sich selbst hervorbringt), in ihrer existentiellen Bedeutung zu erkennen, sie zu widerlegen oder sie zu akzeptieren.

Ein Kräfte-System kann folglich bereits dann ein Handlungs-System genannt werden, wenn in ihm die Vernunft als eine Kraft wirkt, die Argumenten zumindest zugänglich ist. Ist dies nicht der Fall, wirken oder dominieren also andere Kräfte (etwa die Körperlichkeit oder die anorganische Natur), ist das Kräfte-System als Verhaltens-System oder als ein naturgesetzliches System zu typisieren.

Pflanzen und Tiere äußern sich als Verhaltens-Systeme. Aber auch psychisch Kranke sind Verhaltens-Systeme (rein lebenstechnisch gedacht und also nicht abwertend), nämlich in bestimmten Situationen und bei bestimmten Problemen, gegebenenfalls sogar generell. Und ebenso zutreffend ist es, Kleinkinder nicht als handlungsfähig zu typisieren, denn noch herrscht in ihnen die Körperlichkeit vor, so daß sie durchgängig als Verhaltens-Systeme reagieren: Verbale Argumente der Mutter bleiben weitgehend wirkungslos, wenn ein Kleinkind hungrig nach Milch schreit.

Die Person als Handlungs-System

Ob eine Person Argumenten zugänglich ist, kann fremde Vernunft grundsätzlich überprüfen, obwohl auch hier, schon aufgrund des existentiellen Relativismus, nur Approximationen zustande kommen. Fehlerhafte Schlußfolgerungen sind immer möglich. Wird diese Einschränkung berücksichtigt, ist es gerechtfertigt, schon um die Wirkung von Argumenten vorhersagen zu können, ein bestimmtes Verhalten einer Person dann als Handeln zu qualifizieren, wenn es Argumenten wahrscheinlich oder offensichtlich zugänglich ist; und es bei Verhalten zu belassen, wenn sie auf existentiell gerechtfertigte Argumente nicht lebensgerecht reagiert (vgl. SCHWEMMER 1979).

Jede Person kann als Teil eines Kräfte-Systems aufgefaßt werden, das durch Wechselwirkungen zwischen Vernunft, Körperlichkeit und Umwelt gekennzeichnet ist. Ist dieses Kräfte-System ein Handlungs-System, wird es der Existenzsicherung und -erweiterung der Person am besten gerecht: ein Autofahrer, der sich an die Verkehrsregeln hält, bildet mit seinem Fahrzeug ein für sich und andere existentiell günstiges Kräfte-System, ein Handlungs-System.

Die Person kann auch für sich allein genommen ein Handlungs-System sein. Leiten Argumente die inneren Wechselwirkungen zwischen Vernunft und Körperlichkeit, also das eigene innere Verhalten, ist die Person ein Handlungs-System. Wer sich vernunftgeleitet verhält, ob die Argumente von außen kommen oder von innen, der handelt.

Personen sind allerdings instabile Kräfte-Systeme, da in jeder Person und zwischen der Person und ihrer Umwelt stetig neue, veränderte Wechselwirkungen erfolgen und zu neuen Ergebnissen, zu veränderten Eigenschaften führen können. Wer Verhaltens-System ist, kann zum Handlungs-System werden, wer eben noch als Handlungs-System zu typisieren war, kann jetzt ein Verhaltens-System sein. Dies erhält dann besondere Bedeutung, wenn in einer konkreten Situation zu entscheiden ist, ob eine Person als Handlungs- oder als Verhaltens-System aufzufassen ist, ob sie beispielsweise für ihr Verhalten verantwortlich zu machen ist oder nicht. Eine Person ist ein Verhaltens-System, wenn ihre Körperlichkeit so dominiert, daß entwicklungs-, problem- oder situationsbedingt die Vernunft ihre existentiell notwendigen Aufgaben nicht bewältigen kann. Das

Kleinkind ist entwicklungsbedingt ein Verhaltens-System, der Triebtäter problembedingt, ein Mensch in Panik situationsbedingt.

Es lassen sich, wie die Beispiele andeuten, charakteristische Kräfte-Systeme nennen, die unter Umständen bewirken, daß in einer Person die Körperlichkeit über die Vernunft herrscht und sie als Verhaltens-System zu typisieren ist:

Der Entwicklungsstand der Person kann – bei Kleinkindern oder geistig Behinderten – so defizitär sein, daß die Vernunft keine Kraft über die Körperlichkeit besitzt.

Existentiell gestörte, heilungsbedürftige Systeme sind Verhaltens-Systeme, die durch Problemlagen wie Alkohol- oder Drogenabhängigkeit oder durch psychische Erkrankungen bewirkt sind.

Auch existenzsichernde Programme, wenn sie die Kräfte der Körperlichkeit überaus aktivieren, können Verhalten statt Handeln bewirken: Gefühle wie Angst, Haß oder Liebe und Bedürfnisse wie Hunger oder Macht stimulieren die Körperlichkeit, zum Nachteil vernünftigen Verhaltens.

Im weiteren ist daher näher auf jene Voraussetzungen einzugehen, die es einer Person ermöglichen, sich als Handlungs-System zu verhalten. Maxime dieser Überlegungen ist es nicht, die Körperlichkeit gegenüber der Vernunft abzuwerten, sondern es sollen die unterschiedlichen Funktionen der Vernunft und der Körperlichkeit weiter geklärt werden. Definieren wir die Persönlichkeit nämlich als ein Handlungs-System, das selbständig für seine Existenzsicherung und -erweiterung zu sorgen vermag, dann braucht sie hierzu ihre Körperlichkeit wie ihre Vernunft. Sie ist eine Einheit aus beiden Kräften. Und des weiteren ist zu bedenken: Die Typisierung einer Person als Handlungs- oder Verhaltens-System ist eine lebenstechnische, keine moralische. Das zweite Kapitel wird belegen, daß ein Mensch, der zwar Verhaltens-System ist, moralisch doch dem Handlungsfähigen gleichberechtigt ist.

Das innere Handeln

Zur Erörterung der Kompetenz, sich selbst – die eigenen Ideen, Urteile, Bedürfnisse und Gefühle – vernunftgeleitet zu kontrollieren und zu steuern, ist es zweckmäßig, äußeres Handeln, welches auf die personale (aus Menschen bestehende) Umwelt oder auf die organische und anorganische Natur einwirkt, vom inneren Handeln zu unterscheiden, gedanklich zu trennen. Inneres Handeln umfaßt dann die Prozesse, die sich in der Person durch die Wechselwirkungen innerhalb ihrer Vernunft und zwischen ihrer Vernunft und ihrer Körperlichkeit vollziehen.

Durch diese gedankliche Trennung wird es möglich, Wechselwirkungen zwischen innerem und äußerem Handeln klarer zu erkennen und sie leichter zu beeinflussen: Wer aufgrund einer Beleidigung noch aggressiver antworten will (die Körperlichkeit versucht, sich durchzusetzen), sich aber überlegt zurückhält (die Vernunft steuert ihn), hat durch inneres Handeln das äußere positiv beeinflußt und dabei die eigene Körperlichkeit beruhigt. Dies wiederum ermöglicht ihm, überlegter und freier an der Konfliktlösung zu arbeiten.

Die Unterscheidung in inneres und äußeres Handeln entspricht der Denkweise Kants (1788; vgl. auch Kaulbach 1978), dessen Darlegungen zur praktischen und reinen Vernunft die folgende Struktur wesentlich beeinflußt haben.

Das innere reine Handeln

Unter den Wechselwirkungen, die sich innerhalb der Vernunft einer Person vollziehen, sind einmal jene von Bedeutung, die vermeiden (wollen), jene Bedingungen zu berücksichtigen, welche die Körperlichkeit und die Umwelt einbringen.

Vor der Realität, vor dem tatsächlichen Leben schließt die „reine" Vernunft die Augen. Durch (fast) bedingungs- oder erfahrungsfreie, d.h. „reine" Überlegungen (Argumentationen) kann dann die Vernunft versuchen, sich eine existentiell ideale Welt vorzustellen und zu entwerfen. Sie trachtet so nicht danach, von der Realität auf das Sollen zu schließen, im Gegenteil: Im inneren reinen Handeln schafft die reine Vernunft die Voraussetzung, die Realität (den Iststand) auch nach den von ihr vorab erfundenen, entworfenen Ideen zu ordnen, zu bewerten und zu verändern. Menschen beurteilen zum Beispiel Gemeinschaften unter dem Gesichtspunkt der Chancengleichheit ihrer Mitglieder (Rawls 1975). In der menschfreien Natur ist Chancengleichheit aber nicht zu beobachten, allein der Zufall – auch die evolutionär entstandenen Eigenschaften des einzelnen Organismus sind letztlich Ergebnisse von Zufällen – hat den wenigen Fröschen geholfen, die von tausend Kaulquappen überleben. Nicht aus der natürlichen Realität haben die Menschen folglich die Chancengleichheit als Ideal entnommen, sondern sie haben sie erfunden mit Hilfe ihrer reinen Vernunft, mit Hilfe ihrer Fähigkeit, etwas zu denken, was über das mit den Sinnen Wahrgenommene hinausgeht. Ein überzeugendes Beispiel, wie reine Vernunft argumentiert, gibt KANT (1785) selbst, nämlich durch die Entwicklung des Kategorischen Imperativs allein mit Hilfe der formalen Logik. (Allerdings: auch hier ist das Formale nur Approximation, denn es kommt ohne Inhalt nicht aus. Als Inhalt setzt KANT, ihm bewußt oder nicht, die Gleichheit der Menschen voraus und fordert zugleich, sie in konkreten Situationen zu verwirklichen.)

Das innere praktische Handeln

Durch das innere praktische Handeln beginnt die Person, auf die Welt einzuwirken. Es wäre existentiell wenig erfolgreich, dies nur orientiert an Idealen zu versuchen, an den Ergebnissen der reinen Vernunft. Es sind auch die Bedingungen der Realität, die konkret wirkenden Kräfte zu berücksichtigen. Das innere praktische Handeln sollte daher möglichst viele reale Bedingungen erkennen und beeinflussen können, seien sie existentiell fördernd oder gefährdend. Die Vernunft, wenn sie bei dieser Aufgabe mitwirkt, heißt dann „praktische Vernunft“.

Es darf wohl unterstellt werden, daß die Vernunft vor allem in dieser Funktion tätig ist. Arbeitete sie hauptsächlich bedingungsfrei, würde sie dadurch sich selbst gefährden. Der Mensch, der sich entscheidet, nur noch reine Vernunft zu sein, verläßt das Leben. Andererseits hört die praktische Vernunft auf, Vernunft zu sein, wenn sie auf ihre reine Seite verzichtet. Sie entwickelt sich dann zurück zur bloßen (tierischen) Intelligenz, die Verhaltens-Systeme charakterisiert.

Das äußere Handeln

Wirkt eine Person auf andere Substanzen ein, heißt das äußeres Handeln. Für dieses Handeln ist kennzeichnend, daß die Vernunft nur mittelbar mit Hilfe der Körperlichkeit nach außen wirken kann. Die Vernunft braucht den Sprechapparat, die Mimik, den Körper. Da die Körperlichkeit aber nicht nur mitwirkt, sondern auch eigene Interessen hat, evolutionär bedingt die Existenzsicherung, also die Vernunft auch Mittel der Körperlichkeit ist, sind im äußeren Handeln die Vernunft wie die Körperlichkeit wirksam. Konflikte zwischen Vater und Tochter verlaufen emotionaler als vernünftigerweise zu erwarten, weil sich Gefühle und Bedürfnisse der Körperlichkeiten einmischen (vgl. FREUD 1938).

Es ist vor allem vom Gegenstand und seinen Bedingungen abhängig, zum Beispiel vom Entwicklungsstand des Adressaten, welche Kräfte das äußere Handeln charakterisieren. Wendet sich die Vernunft eines Handelnden kommunizierend an fremde Vernunft, bedient sie sich der Sprache; wendet sich Vernunft kommunizierend an fremde Körperlichkeit (eine Mutter erzieht ihren Säugling), nutzt sie vornehmlich nonverbale Verfahrensweisen wie das Konditionieren, sie wendet Verhaltensgesetze an; will eine Person auf die organische Umwelt einwirken, etwa Tiere züchten, orientiert sie sich ebenfalls an Verhaltensgesetzen, während sie bei der produzierenden Einwirkung auf die anorganische Umwelt, als Chemiker beispielsweise, im Schwerpunkt die Naturgesetze zu berücksichtigen hat.

In dieser Weise kennzeichnen zwar einzelne Kräfte konkretes äußeres Handeln, doch verlieren dabei die übrigen Kräfte nicht vollständig ihre Mitwirkung. Reale Probleme erscheinen und ihre Lösungen vollziehen sich im gesamten umfassenden Kräfte-System (s. Abb. 1). Wissens-Systeme wie Physik, Biologie, Soziologie, die sich auf bestimmte Kräfte konzentrieren, sind folglich Reduktionen, die für sich allein genommen nicht ausreichen, auch einfachste reale Probleme zu lösen. Der Arzneimittelforscher ist ein Spezialist für chemische Prozesse, also für deren Wechselwirkungen mit organischen Kräften. Er forscht jedoch nicht isoliert, er ist in ein Unternehmen eingebunden. Er ist von finanziellen Mitteln, von Ressourcen abhängig, die andere beschaffen. Im praktischen Handeln einer Person sind schlechthin alle Kräfte des Kräfte-Systems von mehr oder weniger großer Bedeutung. Wie eigene Vernunft und Körperlichkeit auf fremde einwirken oder auf organische und anorganische Umwelt, so wirken Eigenschaften und Aktivitäten dieser Kräfte auf die Person des Handelnden zurück. Existenzsicherung und Existenzerweiterung sind Ergebnisse von Wechselwirkungen im gesamten Kräfte-System. Dies erschwert Problemlösungen, aber es erweitert auch die Zahl der problemlösenden Wege.

Durch äußeres Handeln wirkt eine Person aus existentiellen Gründen auf die Außenwelt verändernd ein. Für das produzierende Handeln ist charakteristisch, daß es, da es Güter herstellt, auf anorganische und organische Umwelt einwirkt, während das kommunizierende Handeln, da es Wissen vermittelt, sich wesentlich durch Interaktionen zwischen Personen vollzieht.

Äußeres Handeln als Interaktion

Die Evolution des Menschen hat in ihrer Zufälligkeit bewirkt, daß er in Gemeinschaften lebt und sein Handeln daher weitgehend auf andere Menschen direkt oder indirekt bezogen ist. Insofern ist es „soziales“ Handeln oder, unter der Perspektive der Wechselwirkungen, Interaktion mit der personalen Umwelt.

Interaktion kann – erstens – ihren primären Zweck im Erkennen lebensbezogener Wissens-Systeme haben. In diesem Falle geht es Personen darum, durch Informationsaustausch die existentielle Bedeutung von Gegenständen oder von Sachverhalten zu erfassen, zu vermitteln oder gemeinsam zu planen: Interaktion ist dann Kommunikation.

Interaktion kann – zweitens – ihren primären Zweck im lebensbezogenen Verändern materialer Systeme haben. Sie ist dann Produktion: Es werden Güter hergestellt.

Genauer betrachtet haben Interaktionen (Interaktions-Systeme) stets einen kommunizierenden und einen produzierenden Aspekt. Es sind zum Beispiel die Produktionsabläufe mit Hilfe der Sprache zu klären und zu koordinieren, ebenso die existentiellen Bedeutungen der Güter für Produzierende und Konsumenten. Charakteristisch für das Herstellen von Gütern ist folglich zwar das Produzieren, es ist aber auch ein Informationsaustausch notwendig: Produzieren bedarf des Kommunizierens, das Kommunizieren des Produzierens.

Handlungs-Systeme als Teil umfassender Systeme

Interaktions-Systeme können nur dann als Handlungs-Systeme bezeichnet werden, wenn in ihnen die Vernunft kontrollierend und steuernd wirkt. Sozial-Systeme sind Interaktions-Systeme, sie können folglich Verhaltens- oder Handlungs-Systeme sein.

Unter den Sozial-Systemen ist die Menschheit das umfassende und letztendlich maßgebende, lebenstechnisch und moralisch. (Eine für den einzelnen und für einzelne Handlungen gültige Moral hat daher, wie zu belegen sein wird, alle jetzigen und zukünftigen Menschen einzubeziehen.) Die menschliche Gemeinschaft gliedert sich in soziale Kräfte-Systeme, unter denen die einzelne Gesellschaft für ihre Mitglieder das umfassende und selbständigste ist, da sie in sich mehr Bedingungen der unabhängigen Existenz und des Überdauerns vereinigt als ihre Sub-Systeme, als ihre Institutionen, einzelne Mitglieder oder deren Interaktionen (PARSONS 1966). Die Gesellschaft umfaßt als Kräfte-System nicht nur alle Kräfte ihrer Mitglieder, sondern überlebt auch den einzelnen Menschen.

Andererseits sind die Individuen und ihre Interaktionen die konstituierenden Bestandteile ihrer Gesellschaft. Aus der Sicht ihrer Mitglieder hat die Gesellschaft die Aufgabe, ihnen zu ermöglichen, sich zu Handlungs-Systemen zu entwickeln und als solche existenzbezogen zu agieren. Die Gesellschaft und ihre Sub-Systeme können aus dieser Perspektive als soziale Konstruktionen aufgefaßt werden, die die Funktion haben, Existenzsicherung und -erweiterung der einzelnen oder aller Mitglieder zu unterstützen. Das allgemeine Kräfte-System (Abb. 1) und die Lebensstruktur (Abb. 4) sind daher auch zur Analyse gesellschaftlicher Ziele, Bedingungen und Prozesse geeignet, ob sie nun die gesellschaftliche Gemeinschaft als Ganzes betreffen oder ihre Sub-Systeme wie Kultur, politische Ordnung und Wirtschaftsform.

Gesellschaftliche und individuelle Ziele stehen miteinander in Wechselwirkung, aber sie unterstützen sich nicht immer gegenseitig (additiv), sondern stehen sich unter Umständen auch als Gegensätze, also dialektisch gegenüber. Eigennutz und Sozialnutz können sich widersprechen. Doch auch das, was der einzelne als sozialnützig erkannt hat, kann den Normen der umgebenden Gesellschaft entgegenstehen. Sozialer Wandel und die Störungen des sozialen Gefüges durch alles Verhalten und Handeln, das von den Normen der Gesellschaft abweicht, sind Ergebnisse solch dialektischer Wechselwirkungen. Sie werfen Legitimationsprobleme auf, denen sich sowohl Gesellschaft wie auch Individuen handelnd zu stellen haben (s. Kap. 2).

Das Individuum und jedes Sozial-System: sie sind Handlungs-Systeme, wenn die Vernunft in ihnen steuernde und kontrollierende Funktionen wahrnimmt. Da jedes Handlungs-System Anteil an der Vernunft hat, kann im Grundsatz jedes gegenüber den anderen steuernde und kontrollierende Aufgaben ausüben. Diese Kompetenz relativiert die Hierarchie der Kontrolle, die nach PARSONS (1966) die Gesellschaft über Institutionen und Organisationen stellt und diese über die Individuen. Zwar scheint das Sozialsystem Gesellschaft gegenüber seinen Sub-Systemen und den Individuen selbständige Totalität zu sein, da es alles umfaßt, „aber gerade aus diesem Grunde ist es nur ein relatives, denn was es zur Totalität macht, ist vielmehr sein Anderes, die Theile; und es hat nicht an sich selbst, sondern an seinen Anderen sein Bestehen“ (HEGEL 1812/13, S. 355).

Gesellschaftliche Erkenntnisse haben gegenüber individuellen wohl einen Vorteil an Überprüfbarkeit, doch sind sie im Grunde Ergebnisse des Handelns von Personen, die neben ihrer Vernunft auch ihre Körperlichkeiten einbringen und, da äußeres Handeln die Körperlichkeit als Mittel braucht, dies auch müssen. Die reine Vernunft hat es in der Interaktion zwischen den Menschen daher noch schwieriger als im einzelnen Menschen. Deshalb ist die These zu bedenken, daß gesellschaftliche Erkenntnisse (allgemein: kollektive Erkenntnisse) weniger Anteil an der reinen Vernunft haben als die Erkenntnisse des zum reinen Handeln fähigen Individuums. Die Entwicklung kollektiver Erkenntnisse braucht die Körperlichkeit als Mittel der Kommunikation; solche Erkenntnisse sind dann eher statisch (auf die Existenzsicherung der mächtigen Kräfte ausgerichtet), weniger kreativ, weniger wagemutig, weniger an Idealen orientiert. Es ist tatsächlich auffällig, wie häufig technische und moralische Erfindungen das Ergebnis des Handelns einzelner Menschen sind und sich erst mühsam und langwierig gegen den Widerstand der Öffentlichkeit durchsetzen müssen.

Die normative Ordnung einer Gesellschaft und die Maßnahmen zu ihrer Durchsetzung können gegen die gerechtfertigten Ansprüche der Mehrheit, eigentlich aller Mitglieder verstoßen, wenn sie zum Beispiel die Interessen einer Minderheit bevorzugen. Sie sind daher, wie das Handeln und Verhalten des einzelnen Mitglieds, Legitimitätsprüfungen zu unterziehen (s. Kap. 2). Diese Kontrollen sind nicht nur Aufgabe und Recht sozialer Sub-Systeme, also von Institutionen, sondern im Prinzip jedes Handlungsfähigen.

Der einzelne Handelnde vermag die Gesellschaft als umfassendes Sozialsystem nur abstrahiert, also argumentierend zu nutzen, zum Beispiel durch Berufung auf ihr Grundgesetz. Die Gesellschaft hat daher Handlungs-Systeme anzubieten, in denen ein Mitglied auch konkret (kommunizierend und produzierend) interagiert, seine Ziele verwirklichend: soziale Sub-Systeme, die Teile des gesellschaftlichen Ganzen sind, namentlich die Familie, die kleine Gruppe, die Organisationen und Institutionen (vgl. BERELSON und STEINER 1972). Unter den sozialen Sub-Systemen sind Familie, Schule und Arbeitsplatz von besonderer existentieller Bedeutung, denn ihre Merkmale entscheiden oft, wie weit der Handelnde seine Existenzsicherung und -erweiterung verwirklichen kann. Sie sind wesentliche Ursachen sozialer Schichtung, insofern die Unterschicht in Industriegesellschaften weitgehend auf die Existenzsicherung beschränkt bleibt, während der Mittel- und Oberschicht größere Chancen existentieller Verwirklichung zukommen (vgl. MARX 1844).

2. Mutuelles Handeln

In einer Welt, in der mit jeder Geburt der Eigennutz zur Welt kommt und lebenslang eine starke Kraft bleibt, darf man, wenn es um das gemeinsame gute Leben geht, keine idealen Verhältnisse erwarten. Um so wichtiger ist es, eine Gegenkraft zu entwickeln. Nur der Mensch, zeigt Kant (1785), ist dazu in der Lage, nicht aber die bewußtlose Natur.

Das deskriptive Modell des existentiellen Handelns (Kap. 1) hat beschrieben, wie Menschen ihre Existenzsicherung und -erweiterung anstreben. Es ging dabei nicht auf Fragen ein, ob sie dies in gerechtfertigter oder in nur eigennütziger, rücksichtsloser Weise tun. Dagegen ist das hier darzustellende Modell des mutuellen Handelns ein präskriptives, das zu moralisch gerechtfertigten Handlungen auffordert und entsprechende Handlungshilfen enthält.

Wer über das Leben nachdenkt, denkt vor allem über das Glück nach; denn Glück, schrieb Augustinus (413 n. Chr.), gilt als das allgemeinste Ziel des Lebens, um dessentwillen alle übrigen Güter als seine Mittel begehrt werden. Das Maß für die angestrebte Qualität an Existenzsicherung und -erweiterung ist folglich das glückliche, das gute Leben.

Ganz allgemein gesagt, heißt „gutes Leben“, sich als wohlhabend in allen Bereichen der eigenen Lebensstruktur zu erkennen und zu fühlen: kulturell, sozial, als Persönlichkeit, als Organismus, in den Beziehungen zur Umwelt. Die „Lebensstruktur“ (Abb. 4) ist in dieser Hinsicht als ein Gefüge existentieller Mittel aufzufassen, die dem einzelnen entweder vorgegeben sind (die naturgesetzten Mittel der Existenzsicherung zum Beispiel) oder von ihm entworfen und dann von ihm gestaltet werden müssen.

Die existentiellen Mittel sind allerdings begrenzt. Wieviel von diesen Ressourcen darf der einzelne Mensch für sich beanspruchen, für seine Existenzsicherung, für seine von ihm erwünschte Existenzerweiterung? Dies ist die moralische Grundfrage, welche ein Modell des gerechtfertigten Handelns zu beantworten hat.

Das Prinzip Gleichberechtigung

Die Natur gibt auf moralische Fragen keine beruhigenden Antworten. Das Starke vernichtet das Schwache, das Schwache das Schwächere. Daher konnten die Menschen nur mit Hilfe einer Kraft, die über die Natur hinausgeht, solche Verhältnisse überwinden. Diese Kraft ist die Vernunft, die ja als Kraft im inneren reinen Handeln sich von der Natur distanzieren, befreien kann.

Das Philosophieren war also gefordert und hat verschiedene Vorschläge hervorgebracht, in der Spannweite zwischen Religion (Folge einer übernatürlichen Kraft und deren Offenbarung!) und diesseitiger Philosophie (Setze auf den Menschen und seine Vernunft!). Gemeinsam ist allen Vorschlägen, daß ihre Begründungen nicht beobachtbar sein können, weil sie über die wahrnehmbare Natur hinausgehen. Es zeigt sich auch, daß kein Vorschlag, der sich an die Vernunft wendet, einen Menschen zwingen kann. Dies war zu erwarten, denn mit Vernunft geht Freiheit einher, Freiheit im Vorschlagen und Freiheit im Akzeptieren. Wer nichts ißt, der stirbt, das ist naturgegeben. Wer einem philosophischen Vorschlag, der das Naturgegebene überwinden will, nicht folgt, folgt den Gesetzen der Natur und kann die Erfahrung machen, auf diese Weise persönlich besonders leicht zu leben. Wer vor allem an sich selbst denkt, hat gute Chancen, materiell wohlhabend zu werden.

Unter den verschiedenen Vorschlägen war daher jener auszuwählen, der zumindest auf die verbale, öffentliche Zustimmung der meisten Menschen, gleich welcher Religion, rechnen konnte: Es ist der Vorschlag, alle Menschen als gleichberechtigt anzusehen. Hier ist nicht der Ort, auf die Entwicklungsgeschichte dieser Idee einzugehen, es ist aber KANT (1785) hervorzuheben, der die Gleichberechtigung entschieden seiner Ethik zugrunde legt: „Handle nur nach der Maxime, durch die du zugleich wollen kannst, daß sie ein allgemeines Gesetz werde", fordert sein Kategorischer Imperativ. KANT geht dabei von der Gleichberechtigung aus und entwickelt eine allgemeine Handlungsanweisung für konkrete Probleme: Eine beliebige Handlung ist dann gerechtfertigt, wenn jeder Mensch in gleicher Bedingungslage so handeln dürfte. Jeder darf beispielsweise anstreben, wohlhabend in allen Bereichen seiner Lebensstruktur zu werden, wenn er das auch anderen zubilligt – und die Mittel, die Ressourcen entsprechend teilt.

Kant hat die Idee der Gleichberechtigung als ein Ergebnis der reinen Vernunft, des reinen Handelns dargestellt: Werden im Denken alle Merkmale der Realität weggelassen, auch alle naturgegebenen Merkmale des Menschen – also seine Körperlichkeit, bleibt die reine Vernunft als wirkende Kraft. Da alle Menschen so gedacht sind als nur noch aus dieser einen Kraft gebildet, aus der unbeschränkten Vernunft, sind dann alle als untereinander gleich und gleichberechtigt anzusehen.

Schon aufgrund der genetischen Ausstattung sind die Menschen jedoch ungleich, und sie möchten es auch sein, denn individuelle Anlagen und Interessen kennzeichnen den einzelnen. Die Vernunft erkennt zwar die Gleichberechtigung der Menschen, die individuelle Körperlichkeit dagegen ist von ihrer Natur her eigennützig (Wickler und Seibt 1977). Moral und Körperlichkeit stehen sich daher grundsätzlich dialektisch gegenüber, doch: sie lassen sich aufgrund ihrer Wechselwirkungen als Kräfte in der Ganzheit Mensch zu einer Kraft zusammenführen. Der junge Hegel (1797/1798) setzt auf folgende Möglichkeit: Er schlägt vor, die Gleichberechtigung bewußt und akzentuiert zu einem Bestreben des Handelnden als Ganzheit, zur Eigenschaft einer Kraft seiner Körperlichkeit wie seiner Vernunft zu machen. Diese Kraft ist für ihn die Liebe in ihren unterschiedlichen Ausprägungen, einmal stärker an der Körperlichkeit orientiert, als erotische Liebe zwischen den Menschen, einmal stärker vernunftbestimmt, als Liebe zu allen Menschen, zur Menschheit. Auch Rawls (1975) postuliert, der Gleichberechtigung mehr Durchsetzungskraft zu verleihen, indem sie mit der eigennützigen Körperlichkeit verknüpft wird: Jeder Handelnde, der von seiner augenblicklichen Situation und ihren Merkmalen absieht, also im Hinblick auf seine Lebenslage „rein“ denkt, kann vernünftigerweise nur wünschen, in einer Gemeinschaft zu leben, in der die Gleichberechtigung ernst genommen wird. Den Kräftigen erwartet das Alter, den Gesunden die Behinderung. Handlungsfähiger, hilf den anderen, damit sie auch dir helfen, wenn du sie brauchst!

Das Prinzip Existenzsicherung

Die konzeptionelle Entwicklung eines Rahmens für normative Entscheidungen in konkreten Konflikten hat den Menschen als Ganzheit aus Vernunft und Körperlichkeit zu berücksichtigen. Die Vernunft will die Gleichberechtigung, und die Körperlichkeit stützt die Gleichberechtigung – wenn sie ihren eigennützigen Ansprüchen entgegenkommt. Die Körperlichkeit bringt damit gleichzeitig eine Einschränkung der Gleichberechtigung ein, sie fordert die eigene Existenzsicherung, und dies nicht unberechtigt:

In konkreten Situationen, bei Problemen, kann es von lebenswichtiger Bedeutung sein, daß gerade die durch Verallgemeinerung entfernten besonderen Bedingungen, die der Körperlichkeit, als mitentscheidend berücksichtigt werden. Kohlberg (1981) stellt in diesem Zusammenhang die Frage, ob man ein Medikament stehlen darf, um jemandem das Leben zu retten. Das Recht auf Eigentum ist ein allgemeines Prinzip, die lebensgefährliche Erkrankung die besondere Bedingung der Situation. Diese Frage existentiell gerechtfertigt zu beantworten, wird daher nur möglich, wenn als zweiter Prüfstein das Prinzip Existenzsicherung, also der Anspruch der Körperlichkeit auf Leben eingeführt wird:

Ein Medikament zu stehlen, um ein Leben zu retten, verstößt zwar gegen eine durch das Prinzip Gleichberechtigung begründete allgemeine Regel (niemand möchte bestohlen werden!), doch wird hier das Stehlen durch das Prinzip Existenzsicherung bedingt gerechtfertigt. Es handelt sich zwar um eine kompromißhafte Approximation, aber durch die moralische Verpflichtung, so nahe wie möglich am Ideal zu handeln, werden auch unter den möglichen Kompromißlösungen manche als gerechtfertigter als andere erkannt. Es macht ja einen nicht unwesentlichen Unterschied aus, ob man es beim Stehlen beläßt, oder ob man versucht, für den Schaden später aufzukommen.

Wie für das Prinzip Gleichberechtigung können auch für das Prinzip Existenzsicherung keine zwingenden Letztbegründungen gegeben werden, sondern lediglich gute Argumente. Jeder Organismus erhebt primär den Anspruch auf Weiterleben, auf Sicherung seiner Existenz. Während die Ethologie (Wickler und Seibt 1977) dies aus der Beobachtung und Analyse tierischen Verhaltens folgert, wird für den Menschen in der modernen Philosophie das

Prinzip Existenzsicherung als eine verbindliche Setzung anerkannt. Es soll als zwingende Norm jedes Handeln regeln (König 1975). Gleichberechtigung und Existenzsicherung schließen sich im allgemeinen ja auch nicht aus; in Konflikten, beim Streit um existentielle Mittel, beschränken sie sich aber häufig wechselseitig, und dies nicht nur bei gesellschaftsbestimmten Regeln (Recht auf Eigentum), sondern auch bei universellen Prinzipien: Zur Gleichberechtigung gehört es für alle Menschen, sich anderen gegenüber wahrheitsgemäß zu äußern. Auch man selbst möchte die Wahrheit hören. Die Wahrheit kann aber existenzgefährdend sein. Der Todkranke, der von seiner Aussichtslosigkeit schonungslos erfährt, verzweifelt und gibt den Lebenskampf auf. Kant hat daher Schwierigkeiten, wenn er sich mit solchen Problemen befaßt. Sein Kategorischer Imperativ ist, wie oben erwähnt, das Ergebnis des Versuches, das Gerechtfertigte allein durch inneres reines Handeln zu bestimmen – unter Weglassen aller Bedingungen der Körperlichkeit, also auch des Prinzips Existenzsicherung. Daher läßt sein moralischer Rigorismus selbst gegenüber lebensbedrohenden Bedingungen keinerlei Zugeständnisse, keinerlei Abschwächung des reinen Prinzips zu, sondern Kant fordert, sogar einem Mörder, der den Aufenthalt seines Opfers erfahren will, wahre Auskunft zu geben (1797: „Über ein vermeintes Recht aus Menschenliebe zu lügen").

Eine nur durch die reine Vernunft begründete Moral kann dem Menschen als Ganzheit aus Vernunft und Natur nicht gerecht werden. Aus diesem Grunde haben sich die Menschen grundsätzlich darauf geeinigt – oder sollten es tun –, das als existentiell legitim anzusehen, was der Gleichberechtigung wie der Existenzsicherung gerecht wird, auch wenn damit, aufgrund der dialektischen Wechselwirkungen, häufig nur unbefriedigende Kompromisse zustandekommen: Niemand wird verpflichtet (es bleibt ihm aber frei, es zu tun), sein Leben für andere zu opfern, weil ja er in solcher Situation durch andere gerettet werden möchte. Oder: Gefährliche psychisch Kranke werden in geschlossenen Anstalten isoliert, auch wenn man selbst als Kranker das nicht wollte. Oder: In Zeiten der weltweiten Völkerwanderung aus politischen oder ökonomischen Gründen, balancieren die Einwanderungsländer mühsam und schwankend zwischen den Kräften: eigene Existenzsicherung, Existenzsicherung der Einwanderer, Recht aller Menschen auf gleichberechtigten Zugriff auf die Ressourcen des guten Lebens.

Mutuelles Handeln im Alltag

Jede Handlung ist also moralisch unter zwei Gesichtspunkten zu prüfen:

1. Entspricht sie der Gleichberechtigung?
2. Berücksichtigt sie die Existenzsicherung?

Wird eine geplante oder vollzogene Handlung durch beide Prüfsteine bestätigt, hat sie als voll legitim zu gelten. Dies ist allerdings weniger leicht zu erreichen und zu entscheiden als auf den ersten Blick anzunehmen, das zeigten die Beispiele im vorigen Abschnitt. Insbesondere das Prinzip Existenzsicherung bereitet Probleme. Nicht nur die eigene Existenzsicherung ist ja zu berücksichtigen, sondern – die Menschen sind gleichberechtigt – die Existenz aller Betroffenen. Wer sein überschüssiges Geld in eine Urlaubsreise steckt (und wer tut das nicht), während in anderen Ländern Menschen vor Hunger sterben, muß moralisch schon einiges verdrängen, um seine Handlung in Freude zu erleben. Umgekehrt handelt gegen die eigene Existenzsicherung, wer um einer Idee willen in den Hungerstreik tritt.

Es ist daher notwendig, hier zu versuchen, Existenzsicherung als Prinzip näher zu bestimmen. Sie ist zunächst das Grundziel jedes Organismus, auch des Menschen in seiner Körperlichkeit. Ernährung, Kleidung, Wohnung, Gesundheit gehören zum Existenzminimum. In der Person bilden Körperlichkeit und Vernunft jedoch eine Einheit, und was ein Individuum daher unter Existenzsicherung versteht und fühlt, kann im Schwerpunkt körperlichkeitsbedingt sein oder auch Ergebnis vernunftgesteuerter Prozesse. Dies ist von außen durch Beobachtung allein nicht zuverlässig zu erkennen. Nicht nur stammesgeschichtliche, sondern auch individuelle Erfahrungen bestimmen mit, was als lebensbedrohend wahrgenommen wird.

Des weitern ist die Frage, ob im Ursprung eher Vernunftbegründetes, zum Beispiel die Freiheit, zu einem Bedürfnis von existenzentscheidender Bedeutung geworden ist, also auch zu einer wesentlichen Kraft der Körperlichkeit, von Individuum zu Individuum verschieden zu beantworten. Es darf hier nicht aus der eigenen Bedürfnislage auf die anderer Menschen geschlossen werden. Jeder hat diesbezüglich einen anderen Stand erreicht und verkörpert ihn.

Für die individuelle Definition von Lebenssicherheit gilt der existentielle Relativismus. Folglich kann das Prinzip Existenzsicherung, insofern es über organische Lebenserhaltung hinausgeht, grundsätzlich nicht inhaltlich allgemeinverbindlich festgelegt werden; durch allgemeine Regeln etwa, die bestimmen wollen, wann für eine Person eine Bedrohung ihrer Existenz vorliegt oder nicht. Gerechtfertigt, da es die Einheit von Vernunft und Körperlichkeit nicht aufhebt, und daher geeignet, individuell angemessen zu entscheiden, ist dagegen das Verfahren, das aus Hare (1981) abgeleitet werden kann: Jedem handlungsfähigen, also Argumenten zugänglichen Menschen ist grundsätzlich zu unterstellen, daß er selbst festlegen kann und darf, was seine eigene Existenzsicherung für ihn inhaltlich ausmacht.

Der Handlungsfähige erkennt und fühlt, ob und wie stark er in einer konkreten Situation seine Existenz als bedroht erlebt. Gerade das Gefühl der Existenzangst ist ein wesentlicher Indikator; daher ist ein Ereignis dann als existenzgefährdend zu beurteilen und anzuerkennen, wenn es Existenzangst bewirkt, diese also gefühlt und geäußert wird. Existenzangst als Gefühl ist auch ein Beweisgrund gegen die Verallgemeinerungsfähigkeit individuell bestimmter Existenzsicherung: Soziale Isolierung läßt manche Menschen gleichgültig, in vielen verursacht sie lähmende oder panische Angst.

Andererseits wäre es nicht gerechtfertigt, den individuellen Anspruch auf die eigene Existenzsicherung und den Anspruch an die hierfür notwendigen Mittel ganz dem Belieben des einzelnen zu überlassen. Sind die Mittel beschränkt, hat jeder seine Ansprüche auf das Notwendige zu reduzieren. Dies geschieht vernunftgesteuert – Körperlichkeit und Vernunft in Wechselwirkungen – und gehört zu den Fähigkeiten eines Handlungs-Systems. Hier ist deshalb das vernunftgeleitete Kommunizieren zwischen den Betroffenen eine notwendige Hilfe, da es den Eigennutz mit der Gleichberechtigung verträglich zusammenbringen kann (s. Kap. 7).

Was für das Erkennen allgemein gilt, gilt auch für die Moral: Entscheidungen sind Approximationen unter der Maxime, dem Ideal so nahe wie möglich zu kommen. Dieser Maxime dient es, jede problematische Handlung mit Hilfe beider Prüfsteine, mit dem der Gleichberechtigung und mit dem der Existenzsicherung, auf ihre Berechtigung hin zu untersuchen, denn so läßt sich eine verantwortbare Entscheidung treffen.

Solchermaßen geprüftes Handeln, das also nicht nur das eigene Wohl, sondern das Wohl der anderen in grundsätzlicher Gleichberechtigung mit zu berücksichtigen sucht, wird hier im weiteren „mutuelles Handeln“ genannt.

Nur eine Teilmenge unter allen Verhaltensmöglichkeiten des Menschen ist mutuell zu nennen. Mutuelles Handeln bringt also eine Einschränkung der individuellen Freiheit mit sich. Doch bedeutet dies in der Lebenspraxis nicht, auf das „gute Leben“ verzichten zu müssen. Vielmehr ist es so, daß die moralische Prüfung häufig mehr Verhalten als erlaubt erweist, als es gesellschaftliche Normen zugestehen wollen. Hinzu kommt: Wer seine eigenen Entscheidungen prüfen kann, dann in der Lage ist, sie argumentativ zu vertreten, wird mutiger in seinem Widerstand gegen jede überschüssige Einschränkung. Erfolge im Leben und das Bewußtsein, dabei gerechtfertigt zu handeln, sind entscheidende Merkmale des guten, des glücklichen Lebens.

Mutuelle Handlungs-Systeme

In der Realität ist jede menschliche Gemeinschaft ein Gemenge aus gerechtfertigten und nicht gerechtfertigten Verhaltensäußerungen oder Handlungen. Durchgängig aber gilt, daß dem Handeln wie dem Verhalten auch individueller Eigennutz zugrunde liegt, denn selbst wer gerechtfertigt handelt, verbraucht von den knappen Ressourcen, um leben und handeln zu können. Da die primäre Leistung des Existentiellen Handelns darin bestehen soll, eine kritische Theorie des Alltags zu sein, ist das Modell des mutuellen Handelns funktional auch so zu formulieren:

Wollen Menschen ihre Probleme lösen, ob auf der Ebene der Interaktionen zwischen Personen oder auf den Ebenen der Institutionen und der gesellschaftlichen Konzepte, gilt für alle Argumente folgende lebenstechnische und moralische Ausgangslage:

Ich bin eigennützig, du bist eigennützig.

Laß uns X und Y erfinden, damit gutes Leben für alle wahrscheinlicher wird!

Setzen wir für X die Lebenstechnik, dann sind damit alle Erfindungen eingeschlossen, die gutes Leben technisch ermöglichen: Verbesserte Wohnbedingungen, wirksamere Medizin, ertragreichere Landwirtschaft; also gesteigerte Lebensqualität durch intelligenteren Umgang mit den Ressourcen.

Setzen wir für Y die Moral, dann hat der Mensch sich die Prinzipien Gleichberechtigung und Existenzsicherung als Prüfsteine ausgedacht, um mit den Ressourcen gemeinsam auszukommen.

Auch zwischen Lebenstechnik und Moral kommt es zu Wechselwirkungen. Nicht alles, was technisch machbar, ist moralisch gerechtfertigt. Die Gleichberechtigung zukünftiger Generationen etwa begrenzt unser Recht auf Ressourcen. Und nicht alles, was moralisch wünschenswert, ist lebenstechnisch machbar. Das Scheitern des Marxismus als Soziale Planwirtschaft, weil er sich die Menschen als gleich wünscht und dies gleichzeitig als Realität nimmt (setzt oder erfindet), ist ein Beispiel. Auch das mutuelle Handeln ist eine Erfindung, aber eine Konstruktion aus Lebenstechnik und Moral, da es Existenzsicherung (an Lebenstechnik orientiert) und Gleichberechtigung als Prüfkriterien nimmt.

Es ist sicher zutreffend zu unterstellen, daß Menschen generell als mutuelle Handlungs-Systeme gelten wollen, denn die Merkmale eines mutuellen Handlungs-Systems dienen dem gemeinsamen guten Leben. Wer sich zum gemeinsamen guten Leben bekennt, kann daher Anerkennung und Hochschätzung durch die anderen erwarten. Von den Mitmenschen anerkannt und geschätzt zu werden, dies sind aber gute Voraussetzungen eigener Existenzsicherung. Beides zu suchen, entspricht daher auch einem naturgegebenen Bedürfnis jeder Körperlichkeit.

Wer ein mutuelles Handlungs-System sein will, hat sich an gerechtfertigten Argumenten zu orientieren, obwohl sie seinen Bedürfnissen vielleicht dialektisch gegenüberstehen. Er hat sich gerechtfertigt zu verhalten, nur dann ist er tatsächlich ein mutuelles Handlungs-System, andernfalls ein durch eigennützige Körperlichkeit bestimmtes Verhaltens-System. Die Kraft zeigt sich in der Wirkung, die mutuelle Einstellung in mutuellen produzierenden oder kommunizierenden Äußerungen. Niemand darf daher als verbrecherisch bezeichnet werden, der dies nicht durch äußeres Handeln persönlich erwiesen hat. Die Behauptung, der innere Kern einer Person sei entscheidend, gleich wie sie nach außen handelt, konnte immer auch als Vorwand dienen, eigenen Eigennutz, eigene Verbrechen diesen Menschen gegenüber zu rechtfertigen.

Die qualitative Differenzierung in mutuelle Handlungs-Systeme und in bloße Verhaltens-Systeme ist nicht nur für einzelne Personen gültig, sondern für alle Systeme, die sich durch Verhalten oder Handeln äußern, also auch für die Gesellschaft und ihre Institutionen.

Das Grundgesetz einer Gesellschaft kann beanspruchen, moralisch gerechtfertigt zu sein, also ein mutuelles zu sein, wenn es versucht, in seinen Normen der Gleichberechtigung, der Existenzsicherung und allen aus beiden Prinzipien abgeleiteten Argumenten so nahe wie möglich zu kommen.

Die mutuelle Gemeinschaft hat Bedingungen zu schaffen, insbesondere durch ihre Institutionen, die dem einzelnen Mitglied ermöglichen, zum mutuellen Handlungs-System heranzuwachsen und als solches existenzsichernd wie -erweiternd leben zu können. Sie hat andererseits alles Verhalten, das aufgrund der Prüfkriterien nicht zu rechtfertigen ist, als abweichend zu sanktionieren (vgl. MERTON 1968).

Auch das Wirtschaftssystem einer Gemeinschaft ist mutuellen Kriterien unterzuordnen, und die Merkmale des Produzierens und Konsumierens sind entsprechend zu formen (s. Kap. 8). Aus den Prinzipien Gleichberechtigung und Existenzsicherung ist die soziale Verpflichtung abzuleiten, körperlichkeitsbedingte Benachteiligungen auszugleichen. Kinder, Kranke, Behinderte sind nicht voll handlungsfähig und bedürfen der Unterstützung.

Jeder Mensch ist als Kind zunächst auf mutuelle Hilfe angewiesen, zum Leben braucht er Lebenstechnik und Moral. Er hat zu lernen, seine Mittel des Lebens zu schaffen (Lebenstechnik) und sie zu teilen (Moral). Bildung (Vermittlung von Lebenstechniken) und Erziehung (Hinführung zur Berücksichtigung der Gleichberechtigung) sind daher notwendige mutuelle Aufgaben jeder Gemeinschaft – zu eigenem Gewinn und als Hilfe für den Heranwachsenden.

In dem Maße wie der Heranwachsende nach und nach seine Vernunft entwickelt, wird er erst selbstverantwortlich, wird er zur Persönlichkeit (ERIKSON 1959). Diese lernt weitgehend selbständig und erzieht sich selbst, sie versucht, sich stetig als mutuelles Handlungs-System zu äußern. Aus der Moral erwachsen dem Individuum folglich Rechte: der Anspruch, gleichberechtigt behandelt zu werden, und Pflichten: die Pflicht, zu versuchen, sich so zu entwikkeln und so zu verhalten, daß es mit Recht als gleichberechtigt respektiert wird. Einfach gesagt: Es sollte jede Person anstreben, als Handlungs-System keinesfalls mehr an Mitteln der Existenz zu beanspruchen, als sie selbst gibt. Das Prinzip der Forstwirtschaft, und damit des einzelnen Forstwirtes, daß jede Generation dem Wald höchstens soviel an Nutzholz entnehmen darf wie sie für künftige Generationen pflanzt und weitergibt, ist hierfür ein einsichtiges Beispiel. Allerdings sind mutuelle Absichten und mutuelle Wirkungen in diesem Zusammenhang doch zu unterscheiden. Auch der Satz: Eine Kraft zeigt sich in der Wirkung, gilt nur relativ. Gerade in den Wirkungen realisieren sich gerechtfertigte Absichten auffällig nur als Approximationen. Hinske (1989) hat daher darauf hingewiesen, daß für Kant, wenn Handlungen zu beurteilen sind, „der gute Wille“ des Handelnden ebenfalls ein Maßstab ist, nicht allein das Ergebnis. Der Handelnde hat dann allerdings nachzuweisen, argumentierend vor sich selbst und nach außen, an welchen Bedingungen er in seiner guten Absicht gescheitert ist.

Und wenn sich niemand danach richtet? Wenn es so bleibt, daß die Mehrheit sich weiterhin vornehmlich am Eigennutz orientiert? Das ist für den einzelnen kein Grund, fatalistisch zu resignieren. Um dies mit einem Beispiel zu belegen: Das Grundgesetz der modernen Staaten, etwa das der Bundesrepublik Deutschland, ermöglicht mutuelles Handeln. Wer mutuelles Handeln anstrebt, kann daher in seinem eigenen System, in seiner Lebenswelt, im System, das er bestimmt, mutuelles Handeln umsetzen, ungestraft und sozial belohnt. Je mehr Bürger das tun, um so weiter wird sich durch die Summe ihrer Handlungen die Gesellschaft dem Ideal des mutuellen Handelns nähern. Für jeden Handlungsfähigen gilt also: Bei sich selbst anfangen!

Mutuelles Handeln ist geprüftes Verhalten. Verfahren des Prüfens ist das Argumentieren mit sich selbst und den betroffenen Mitmenschen. Die Kompetenz, gerechtfertigt zu argumentieren, ist deshalb für das gute Leben des einzelnen und der Gemeinschaft besonders wichtig, und sie wird in den Kapiteln 6 und 7 durch besondere Modelle dargelegt. Andererseits ist es notwendig, nicht nur das Argumentieren als die kennzeichnende Methode guten Lebens zu entwickeln, sondern auch die Gegenstände, d. h. die Inhalte des Argumentierens zu bestimmen und in ihrer existentiellen Bedeutung offenzulegen. Welche Ziele sollte der einzelne beanspruchen und anstreben, auf welche Ressourcen sollte er verzichten? Vorweg ist es daher zweckmäßig, das gute individuelle und gemeinsame Leben unter dem Gesichtspunkt seiner Ziele und Bedingungen zu erörtern: als „Lebensstruktur“ und „Lebenskonzept“.

3. Die Lebensstruktur

Verhalten und Handeln geschehen in einem Kräfte-System, dem der Handelnde selbst als Kraft aus Körperlichkeit und Vernunft angehört. Er nutzt, kommunizierend und produzierend, das Kräfte-System, um Existenzsicherung und -erweiterung zu erreichen; er stößt im Kräfte-System aber auch auf die einschränkenden Bedingungen seines Lebens: Eigennutz und Gemeinwohl sind aufeinander abzustimmen, manche Krankheiten sind unheilbar, der Tod ist die Voraussetzung des Lebens und die letzte Realität. Das Kräfte-System gibt das Leben, eröffnet ihm Chancen, setzt seine Grenzen, nimmt das Leben.

Was ermöglicht oder erleichtert dem Handelnden, die Kräfte zu nutzen oder ihre Gefahren ein Leben lang abzuwehren? Im deskriptiven Teil (Kap. 1) sind die Kräfte vor allem unter ihren formalen Aspekten gesehen worden, indem der Handelnde sich die Frage stellt: *Wie* wirken die Kräfte? Additiv oder dialektisch, mittelbar oder unmittelbar, mehr oder weniger vorhersagbar? Sucht er dann seine Handlungsmöglichkeiten im Kräfte-System zu verstehen und zu nutzen, hat er auch nach den Inhalten der Kräfte zu fragen, nach ihren Merkmalen und Wirkungen als Substanzen: *Was* wirkt wie im Kräfte-System?

Lebenswelt als „Lebensstruktur"

Im Kräfte-System wirken Kräfte, und die Ergebnisse sind existenzbezogen ebenfalls Kräfte, davon gehen wir aus. Kräfte wirken additiv und dialektisch, und dialektisch entstandene Wirkungen sind logisch-mathematisch nur unvollkommen zu fassen: die Synthese aus These und Antithese ist ungleich der Summe aus These und Antithese. Mathematisch betrachtet leben wir in einem Chaos (Devaney 1989), in welchem wir aber, wollen wir das gute Leben, uns zurechtfinden müssen. Wir haben daher unsere Lebenswelt (Husserl 1929) zu ordnen und fragen nach den lebensbezogenen Bedeutungen der Kräfte, nach ihren Leistungen und Gefahren für unser Leben, also nach ihren existentiellen Funktionen. Nach Parsons (1966), der Sozial-Systeme unter dieser Perspektive analysiert hat, muß jedes System, das menschliches Leben ermöglichen soll, folgende Leistungen (existentielle Funktionen) erbringen: Strukturerhaltung, Integration, Zielerreichung sowie die Anpassung an die organische wie anorganische Natur. In jeder modernen Gesellschaft gibt es daher Bereiche, die sich auf eine dieser Funktionen spezialisiert haben oder ihr in besonderem Maße entsprechen:

– *Kultur* (kennzeichnende Funktion: Entwicklung, Erhaltung, Weitergabe, Anwendung des individuellen und gesellschaftlichen Wissens),
– *Gemeinschaft* (Funktion: Integration der Mitglieder),
– *Persönlichkeit* (Funktion: Existenzsicherung und -erweiterung für die einzelne Person durch Handeln),
– *Körperlichkeit* (Funktion: Quelle des Verhaltens, Basis der Vernunft und Mittel der Vernunft),
– organische sowie anorganische *Umwelt* (Funktion: Bedingungen und Mittel des Handelns).

Diese Systeme können inhaltlich genauer bestimmt werden, indem sie, ebenfalls mit Hilfe der Funktionen, unterteilt werden in Sub-Systeme und Bereiche (Baltes 1978). Mittels einer Felduntersuchung wurden jedem Bereich wichtige Elemente zugeordnet, so daß als Modell die durch Abbildung 4 wiedergegebene „Lebensstruktur" entstand (Wiszniewsky 1979). Sie ist die funktional geordnete Lebenswelt des Menschen, welche der Handelnde auf diese Weise besser zu durchschauen und auch lebensgerechter zu gestalten vermag.

Allerdings: Da jede einzelne Kraft, die in der Lebensstruktur genannt wird, Ergebnis der Wechselwirkungen zwischen allen sechs Kräften ist (Abb. 1), macht dies ihre Zuordnung zu Sub-Systemen grundsätzlich schwierig und angreifbar. In der Lebensstruktur ist Sexualität, zum Beispiel, als durch Körperlichkeit charakterisiert aufgeführt, sie könnte aber auch, bei besonderer Fragestellung, unter sozialem oder kulturellem Aspekt gedeutet und eingeordnet werden. Insofern ist die allgemeine Lebensstruktur das Resultat des

System	Sub-System	Bereich	Wichtige Elemente
Kultur	Moral	Werte	Gleichberechtigung; Freiheit; Treue; Leistung; Eigentum.
	Wissen	Sprache	Begriffe; Ideen; Redegewandtheit; Sprachniveau; Fremdsprachen.
		Erziehung	Familienerziehung; Fremderziehung; Selbsterziehung.
		Bildung	Schulbildung; Ausbildung; Weiterbildung; Allgemeinbildung.
		Arbeit	Beruf; Einkommen; Arbeitslosigkeit.
		Kunst	Malerei; Musik; Literatur; Schauspiel; Unterhaltung.
	Glauben	Religion	Glaubensfragen; Glaubensausübung.
Gemeinschaft	Normen	öffentl.	Gesetze; Verordnungen.
		private	Verhaltensregeln; Umgangsformen.
	Interaktionssysteme	Gesellschaft	Gesellschaftsordnung; Wirtschaftsordnung.
		Institutionen	Schule; Betrieb; Behörde; Kirche.
		Gruppe	Familie; Schulklasse; Verein; Freundeskreis.
		Personen	Adressat; Partner; Verwandter; Vorgesetzter.
Persönlichkeit	Sozialität	Kommunizieren	Handlungs-System; Verhaltens-System; Argumentieren.
		Produzieren	Marktfähigkeit; Kompetenzen; Konsum.
	Individualität	Lebenskonzept	Ziele; Selbstkonzept; Umweltkonzept; Rolle.
		Merkmale	Charakter; Neigungen; Selbständigkeit.
Körperlichkeit	Eigenschaften	Bedürfnis	Motive; Triebe; Eigennutz.
		Gefühl	Freude; Zufriedenheit; Zuneigung; Liebe. Schmerz; Enttäuschung; Ablehnung; Haß.
		Alter	Kinder; Jugendliche; Erwachsene; Alte.
		Aussehen	Kleidung; Kosmetik.
		Gesundheit	Erholung; Freizeit; Vorsorge; Krankheit; Sucht; Geburt; Tod.
		Körperbau	Größe; Gewicht; Abweichungen.
	Aktivitäten	Verhalten	Verhaltensmuster; Reflexe; nonverbale Kommunikation; Sexualität.
		Wahrnehmung	Sehen; Hören; Empfinden; Raum; Zeit.
		Speichern	Vorstellungen; Gedächtnis.
		Motorik	Geschicklichkeit; Behinderung; Sport.
		Ernährung	Einkauf; Zubereitung.
Umwelt	organische Umwelt	Tiere	Züchtung; Haltung; Verzehr.
		Pflanzen	Anbau; Ernte.
	anorgan. Umwelt	Gegenstände	Güter; Produkte; Einrichtungen.
		Bauten	Häuser; Arbeitsstätten; Verkehrseinrichtungen.
		Landschaft	Bodengestalt; Umweltschutz.
		Klima	Witterung; Verträglichkeit.

Abb. 4: Die Lebensstruktur. – Die Welt des Menschen als Kräfte-System, gegliedert in die Systeme: Kultur, Gemeinschaft, Persönlichkeit, Körperlichkeit, Umwelt. Die Systeme sind aufgeschlüsselt in Sub-Systeme, Bereiche und Elemente. Wichtige Elemente sind beispielhaft aufgeführt.

Versuches, eine möglichst generelle Perspektive einzunehmen, und sie ist auf dieser Grundlage zu interpretieren.

Leistungen der Lebensstruktur

Die Grundkräfte, welche die Lebensstruktur hervorbringen, sind die Natur und die Vernunft. Der Vernunft ist wesensgemäß die Freiheit, der Natur die Notwendigkeit. Da jedes Handlungselement ein Ergebnis beider Merkmale ist, bildet jedes Element der Lebensstruktur ein System der Freiheit und der Notwendigkeit zugleich. Auch wenn in jedem System der Lebensstruktur entweder der Natur oder der Vernunft größeres Gewicht zukommt, so gilt doch nur eingeschränkt, daß in der abgebildeten Lebensstruktur die Freiheit von unten nach oben zunimmt, während die Notwendigkeit (das Naturgesetzliche, das zwingende Bedingungen setzt) abnimmt. Trotzdem kann hieraus gefolgert werden: Je bewußter Konflikte mit kulturellen und sozialen Mitteln gelöst werden, statt mit Verhaltenstechniken oder sogar chemisch-physikalischen (Kriegs-)Mitteln, um so größer ist die Wahrscheinlichkeit, daß die Freiheit, die Selbstbestimmung der Beteiligten respektiert und gewahrt bleibt.

Die allgemeine Erkenntnis und der konkrete Einzelfall, sie wirken wechselseitig. Die Lebensstruktur kann daher (vgl. Losee 1977) auch als Meta-Konzept aufgefaßt werden (Ebene 2), das Bereichskonzepte oder Theorien enthält (Ebene 1) und über seine Elemente die Realität abbildet oder stimuliert (Ebene 0). Die Lebensstruktur ist daher für Handelnde von umfassender Bedeutung, und dies sowohl in der Wissenschaft wie im Alltag, auf theoretischer wie auf der praktischen Ebene. Sie zeigt, daß es grundsätzlich möglich ist, Theorie und Praxis miteinander zu verknüpfen, sie aufeinander zu beziehen. Theorie wird so bewußt zum erkennenden und verändernden Durchdenken der Realität oder Praxis, Praxis zum theoriegestützten kritischen Handeln. „Existentielles Handeln" versteht sich deshalb als eine kritische Theorie des Alltags.

Auf theoretischer Ebene verknüpft die Lebensstruktur die Bereichstheorien miteinander. Kulturelle Theorien, Sozial- wie Persönlichkeitstheorien werden einsichtig als Kräfte, die nicht unabhängig nebeneinander stehen, sondern Kräfte sind, die wechselseitig wirken: Eine gerechtfertigte (mutuelle) Wirtschaftstheorie hat auch dem Wertekonzept einer Gesellschaft zu entsprechen. Das Menschenbild einer Gesellschaft hat umgekehrt wirtschaftliche Notwendigkeiten zu berücksichtigen. Auf praktischer Ebene ermöglicht die Lebensstruktur, die wesentlichen Aspekte eines Problems zu erkennen und sie als Kräfte zur Lösung hin wirken zu lassen:

Geht es darum, ein Problem zu durchschauen, zeigt die Lebensstruktur, welche Kräfte hierbei von potentieller Bedeutung sind. Aus der Struktur des allgemeinen Kräfte-Systems (Abb. 1) ergibt sich ja, daß jedes Bereichselement der Lebensstruktur mit jeder Kraft mittel- oder unmittelbar verknüpft sein kann. Ist deshalb irgendein Bereichselement der Lebensstruktur einer Person als Problem bestimmt, das gelöst werden soll, sind alle anderen Bereichselemente und überhaupt alle Elemente ihrer Lebensstruktur potentiell mitwirkende Kräfte, d. h. Bedingungen, die der Problemlösung hemmend (dialektisch) oder fördernd (additiv, als Mittel) zugeordnet sind. Diese Gesamtschau – mittels der Einordnung eines Problems in die Lebensstruktur – ermöglicht also nicht nur, die Schwierigkeiten detaillierter zu erkennen, sie vergrößert auch die Zahl der Lösungsmöglichkeiten.

Soll nach dem Durchschauen des Problems dieses auch gelöst werden, hat jeder Handelnde zu berücksichtigen, daß Approximationen abhängig sind von einem komplexen Gefüge wirkender Bedingungen: Für die Bewältigung des Problems sind daher Bedingungen zu verändern, bestimmte Kräfte sind zu stärken, andere sind zu schwächen. Das Wissen, welche Kräfte zieldienlich zu stärken und welche zu schwächen sind, ist vor allem erfahrungsabhängig. Handeln setzt daher, über das evolutionär Erworbene hinausgehend, die Fähigkeit voraus, aufgrund eigener, subjektiver Erfahrungen und mit Hilfe intersubjektiv gewonnenen und abgesicherten Wissens beurteilen zu können, welcher Art (additiv oder dialektisch, zwingend oder eher frei) die Wirkungen der zielrelevanten Kräfte sind. Handeln bedarf solcher Lebenstechnik. (Die Lebensstruktur ist selbst ein Stück Lebenstechnik, da Menschen, die ihre jeweiligen Lebenswelten durchschauen und bewußter gestalten, wahrscheinlicher gutes Leben realisieren können.)

Aus den unterschiedlichen Verknüpfungsmöglichkeiten zwischen den Kräften ergibt sich, daß im allgemeinen mehrere Lösungswege möglich sind. Es ist jedoch keinesfalls gleichgültig, welcher Weg gewählt und realisiert wird, wenn, was meistens der Fall ist, Personen davon betroffen sind. Diese Fragestellung, die Frage nach der Moral im Handeln, ist, wie im vorhergehenden Kapitel 2 dargelegt, mit Hilfe der Prüfsteine Gleichberechtigung und Existenzsicherung zu entscheiden.

Lebensstruktur und Entwicklung

Da der Handelnde in der allgemeinen Lebensstruktur selbst lebt, sich existenzbezogen verhält oder handelt, interpretiert er sie seinen eigenen Zielen gemäß, und er versucht, die Lebensstruktur nach seinen Zielen zu gestalten. Sie wird dadurch zu seiner eigenen, individuellen Lebensstruktur, in deren Mittelpunkt er steht. In einer Gemeinschaft leben aus diesem Grunde so viele konkrete Lebensstrukturen wie die Gemeinschaft Mitglieder hat – von den gemeinsamen Lebensstrukturen abgesehen.

Jeder Mensch wird in eine schon bestehende Lebensstruktur geboren. Seine Umwelt existiert bereits: Mutter, Familie, Gemeinschaft. Er beginnt aber sogleich, auf seine Umwelt existentiell einzuwirken, während diese wiederum durch Bildung und Erziehung ihn zu beeinflussen hat. Wechselwirkungen kennzeichnen das Leben von Anfang an.

Der Säugling beginnt nicht am Nullpunkt, denn die Evolution hat seine Körperlichkeit geprägt. Wahrscheinlich wird er nie wieder so eigennützig rücksichtslos sein wie am Beginn seines Lebens, wo der Mensch von sozial blinden Reflexen existenzsichernd gesteuert wird, bis sich durch die Wechselwirkungen zwischen Anlagen, Umwelt und Reifung seine Vernunft mehr und mehr entwickelt. Aus dem Verhaltens-System wird im Verlaufe der Kindheit zunehmend ein argumentierendes Handlungs-System.

Piaget (1969) hat diesen Prozeß vereinfachend als Entwicklungsstufen beschrieben. Abbildung 5 verknüpft wichtige Stufen (Kleinkind, Kind, Jugendlicher) mit den drei Ebenen des Handelns und zeigt auf diese Weise exemplarisch, wie die evolutionär mitgegebenen Lebenskompetenzen des Kleinkindes durch immer umfassenderes und zugleich abstrakteres Wissen ergänzt werden, und aus dem Kind sich so eine Persönlichkeit entwickeln kann, die ihr Leben selbständig und gerechtfertigt zu gestalten vermag.

Auch unter dieser Perspektive ist die Lebensstruktur die Meta-

Ebene:	Kleinkind →	Kind →	Jugendlicher
Lebens-Struktur (2)	argumentfreies ES-Verhaltensprogramm	vorstellungsgestütztes ES + EE- Handlungs-potential	argumentgeleitetes ES + EE- Handlungs-potential
Bereiche (1)	Teilprogramme: Saugen, Greifen, etc.	Teilkonzepte entwickeln sich durch Tun, Anschauen, Vorstellen	Bereichstheorien entwickeln sich mit Hilfe von Begriffen
Elemente (0)	konkretes Tun: saugt, greift, etc.	vorstellungsgestütztes Tun: greift, greift nicht, saugt, saugt nicht, etc.	argumentbegründetes Tun: handelt mutuell

Abb. 5: Vom Verhaltens-System zum Handlungs-System – Die Lebensstruktur umfaßt die gesamte Lebenswelt einer Person (Ebene 2). Ihr gehören Bereiche an (Ebene 1) und sie äußert sich in konkretem Verhalten (Ebene 0). – Die Lebensstruktur des Kleinkindes ist von der Evolution des Menschen geordnet worden. Es kommt daher zur Welt mit einem Verhaltens-Programm, das an der Existenzsicherung (ES) orientiert ist. Das Kind ist bereits in der Lage, mit Hilfe von Vorstellungen dieses Verhaltens-Programm dem Handeln anzunähern, auch die Existenzerweiterung (EE) wird zum Ziel. Es bilden sich Bereichskonzepte heraus, und das Kind unterscheidet zum Beispiel Nahrungsverhalten von Hygieneverhalten. Es saugt an der Milchflasche, nicht aber an der Zahnpastatube. – Der Jugendliche ist zum Handeln fähig. Er kann sein Handeln mit Hilfe von lebensbezogenen Argumenten planen und rechtfertigen. Er benutzt Zahnpasta, um seine Brillengläser zu säubern. Sein Handlungspotential ist durch Begriffe gekennzeichnet, die Reflexe und Vorstellungen existenzdienlich ergänzen.

ebene, da sie das gesamte Leben umfaßt. Sie enthält Bereiche, die als Konzepte auf Ausschnitte aus dieser Ganzheit ausgerichtet sind. In jedem Bereich geschehen konkrete Ereignisse, die durch die zugehörigen Bereichskonzepte erklärt und gesteuert werden können. Der Greifreflex beispielsweise kennzeichnet einen Bereich des Kleinkindlebens, das die Umwelt existenzsichernd beherrschen will. Parallel zur Entwicklung seiner bewußten Vernunft (genauer: in Wechselwirkung) wird das Greifen mit Vorstellungen verknüpft, die schließlich zu abstrakten Begriffen werden, welche das Argumentieren, etwa zum Problem des Privateigentums, mit ausmachen. Aus dem Kleinkind ist eine erwachsene Persönlichkeit geworden, die grundsätzlich in der Lage ist, mutuell zu handeln und zu leben.

4. Das Lebenskonzept

Die „Lebensstruktur“ ordnet die Vielfalt des Lebens. Daher ermöglicht sie, die zahlreichen und unterschiedlich zusammengesetzten Kräfte, die das Leben eines Menschen günstig oder ungünstig beeinflussen, lebensdienlich zu überblicken. Welche Kräfte unter ihnen kann und sollte er nutzen, welche dagegen bekämpfen? Das hängt von den Zielen ab, die er anstrebt. Die Prüfsteine des mutuellen Handelns legen offen, welche Ziele gerechtfertigt sind (Kap. 2). Als Prüfsteine bewerten sie Ziele, bringen diese aber grundsätzlich nicht selbst hervor. Individuelle Ziele hat der Handelnde vor allem aus seinen Ideen und Bedürfnissen abzuleiten – und dann zu prüfen. Hierbei zeigt sich, daß die einzelnen Ziele nicht wie Kiesel am Strand zufällig und scheinbar beziehungslos nebeneinanderliegen, sondern ein lebensdienliches Muster bilden sollten, das selbst wiederum Teil eines lebensdienlichen Ganzen ist.

Das dem Muster aus Zielen übergeordnete größere Ganze ist die Lebensstruktur, denn diese kann auch unter der Perspektive betrachtet werden, welches Gefüge an Zielen sie enthält. Sie dient ja dem Leben, dem allgemeinsten Ziel. Interpretieren wir daher die Lebensstruktur einer Person mit Hilfe des Ziel-Mittel-Schemas, so erhalten wir ihre Ziele, die zielbezogenen Bedingungen und die Mittel der Approximation. Richten wir dann die Aufmerksamkeit nur auf die Ziele, läßt sich jedes Ziel – es ist ein Element aus der ganzheitlichen Lebensstruktur – als ein Element aus einer Ganzheit von Zielen auffassen.

Daß die Ziele einer Person eine existentielle Ganzheit bilden können, ist nicht nur eine theoretische Überlegung. Es ist auch in der Realität davon auszugehen, daß Personen auf dem Hintergrund eines mehr oder weniger reflektierten Konzeptes handeln möchten (vgl. Epstein 1979). Jeder Mensch verfolgt tatsächlich existenzsichernde oder -erweiternde Ziele, die nicht unabhängig nebeneinander stehen, sondern er strebt danach, daß diese ein sich ergänzendes, möglichst widerspruchsfreies System bilden (vgl. FESTINGER 1976). Voraussetzung des Gelingens ist allerdings, unter dem Gesichtspunkt des guten Lebens, daß er seine Anlagen, Erfahrungen und Ideen, seine Bedürfnisse und Gefühle, alle Bedingungen seines Lebens in einem realitätsorientierten konzeptuellen System zu organisieren vermag; eben in einer Lebensstruktur, aus der kurz- und langfristige Handlungsziele ableitbar sind, die eine Ganzheit, ein System bilden.

Diese Ganzheit aus Zielen soll „Lebenskonzept" heißen. Als Modell im Existentiellen Handeln bedeutet das Lebenskonzept also eine bewußte, der Klarheit im Handeln dienende Beschränkung auf den Zielteil jenes Bildes, das eine Person von ihrer jetzigen oder zukünftigen Lebensstruktur hat. Im folgenden wird deshalb versucht, aus der Lebensstruktur und den Prinzipien des mutuellen Handelns ein allgemeines Modell für Lebenskonzepte abzuleiten. Autonom gesetzte persönliche Ziel-Konzepte sollen hierdurch nicht überflüssig werden. Im Gegenteil, es liegt die Absicht zugrunde, weitgehend selbständig entwickelte und dadurch individualisierte Lebenskonzepte zu ermöglichen. Das Modell bietet daher Handlungsfähigen, die dabei sind, das eigene Lebenskonzept zu überprüfen und fortzuentwickeln, eine zweckgerechte allgemeine Struktur sowie übergreifende technische und moralische Regelungen.

Es wird davon abgesehen, so dem existentiellen Relativismus und der Freiheit zum Vorteil individueller, kreativer Lösungen eine Chance gebend, bestimmte Ziele in einer festgelegten Qualität vorzuschreiben, beispielsweise zu bestimmen, was eine Person wissen muß, um als „gebildet" gelten zu können. Im Mittelpunkt stehen hingegen Erkenntnis- und Veränderungsverfahren, die für alle Menschen gleich sind, also Vorgehensweisen, die zum Zwecke des guten Lebens in der menschlichen Gemeinschaft notwendig und für alle handlungsfähigen Mitglieder verwendbar sind.

Lebenskonzepte sind Ziel-Systeme

Das gerechtfertigte Ziel-System, das mutuelle Lebenskonzept einer Person, bildet zwar eine Ganzheit aus Zielen, dies bedeutet aber nicht, daß die Ziele untereinander in ihrer Bedeutung gleich wären. Orientiert an seiner Lebensstruktur unterscheidet der Handelnde in Bereiche, die er jetzt als Zielbereiche auffaßt: Kultur, Soziales, Persönlichkeit, Körperlichkeit, anorganische und organische Umwelt. Diese stehen zwar untereinander in Wechselwirkung, doch Probleme und Wünsche bestimmen, welche Bereiche und konkreten Ziele den Schwerpunkt im Handeln bilden, auf den sich die anderen Ziele auszurichten haben.

In Industriegesellschaften sehen sich, zum Beispiel, viele junge Frauen mit dem Problem konfrontiert, wie sie einmal Beruf und Familie so miteinander vereinbaren können, daß gutes Leben für sie und ihre Familie wahrscheinlich wird. Die Wahl des Berufes, die Dauer der Ausbildung, die Partnerwahl, der Zeitpunkt der Familiengründung, der Wohnort werden dadurch als beteiligte Kräfte in ihren Zielaspekten wesentlich beeinflußt.

Unter den Zielen Schwerpunkte zu setzen und die Kräfte der eigenen Lebensstruktur auf diese Schwerpunkte hin auszurichten, das sind allgemeine und wesentliche Fähigkeiten des Handelnden. Als Vorgehensweisen erleichtern sie es, gerechtfertigte Lebenskonzepte hervorzubringen und deren Umsetzung realitätsbezogen vorzubereiten.

Lebensstrukturen verändern sich, wandeln sich, entweder durch den Handelnden gesteuert – oder von ihm unabhängig, gegebenenfalls auch gegen seinen Willen –, es sind ja dynamische Kräfte-Systeme. Versucht der Handelnde seine Lebensstruktur zu beeinflussen, interpretiert und ordnet er auf dem Hintergrund seines Lebenskonzeptes alle Kräfte: sich selbst, seine Umwelt und alle Wechselwirkungen. Es ordnet zielorientiert die Kräfte in Mittel und Bedingungen, er verändert sie und erwirbt zieldienliche Kompetenzen. Sein Lebenskonzept steht hierbei in einem Wirkungszusammenhang mit allen Handlungen und Ereignissen. Es versucht, sie zu entwerfen und zu steuern, es wird durch ihre existenzbezogenen Wirkungen selbst beeinflußt.

Neue Situationen sind neue Kräfte-Systeme, es zeigen sich in der Lebensstruktur daher wieder und wieder neue Kräfte. Sie erscheinen als erwünschte oder unerwünschte, als von uns abhängige oder unabhängige Ereignisse. Das Lebenskonzept ist deswegen nicht als qualitativ starre Konstruktion aufzufassen und zu entwerfen, die nur zu Assimilationen fähig wäre, sondern als dynamisches Ziel-System. Zwar ist es an existenzsichernder Kontinuität orientiert, es nimmt aber neue gegensätzliche Elemente auf, kann neue Verknüpfungen eingehen, sich auch anpassen (KRAPPMANN 1982).

Gute Lebenskonzepte sind additiven und dialektischen Argumenten zugänglich, wenn diese auf existentiell sinnvolle Zustände zielen. Auf dem Hintergrund solch offener und flexibler Lebenskonzepte sind dann alle Ereignisse, auch zufällige, nicht voneinander unabhängig existierende und gedeutete Einzelphänomene, sondern eher Elemente eines ganzheitlichen, einsichtig fortschreitenden Geschehens.

Das Individuum mit mutuellem Lebenskonzept sieht sich selbst als Kräfte-System in Wechselwirkung mit sich selbst und mit anderen Kräfte-Systemen. Als individuelles Kräfte-System baut es ein Selbstkonzept auf, seine Selbstfindung besteht darin, daß es sich fragt, wie es sein möchte. Insofern es in Wechselwirkung mit äußeren Kräfte-Systemen steht, benötigt es ein Umweltkonzept, es fragt sich, wie es aufgrund seines Selbstkonzeptes nach außen wirken möchte, darf und kann. Beide sich gegenseitig beeinflussenden Ziel-Systeme, Selbstkonzept und Umweltkonzept, sind daher Sub-Systeme in der Ganzheit Lebenskonzept.

Das Selbstkonzept

Das Selbstkonzept umfaßt jenen Teil des Lebenskonzeptes, der primär unter der Frage „Was möchte ich selbst sein?“ zustande kommt. Dabei sind die Antworten, die sich aufgrund der jeweiligen Lebensstruktur ergeben, nicht konfliktfrei. Auch als Ziel-System ist der Handelnde eine Einheit aus Vernunft und Körperlichkeit. Beide Kräfte haben jedoch in dieser Einheit unterschiedliche Funktionen und daher potentiell gegensätzliche Ziele. Lebenslanges Fundament des Selbstkonzeptes ist einmal das evolutionär entstandene Existenzsicherungs-Programm des genetischen Materials des einzelnen Menschen (s. Abb. 5). Es gehören daher eigennützige Bedürfnisse der Körperlichkeit zu den naturgegebenen Kräften des Individuums (WICKLER und SEIBT 1977), das wohlhabend, „vermögend“ in allen Bereichen seines Lebenskonzeptes sein möchte: kulturell, sozial, körperlich und umweltbezogen, zumindest bis zu einem Ausmaß, das für es Existenzsicherung bedeutet. Die Selbsterkenntnis, die bewußte Beurteilung des Ich durch die eigene Vernunft (EISLER 1930), hat in dieser Hinsicht vor allem die Prüfung der eigenen Wünsche unter dem moralischen Gesichtspunkt der

Gleichberechtigung mit jetzt oder zukünftig betroffenen Menschen zu leisten.

Die Verpflichtung, eigene Ziele moralisch zu prüfen, gilt erst recht für das Streben nach Existenzerweiterung. Die Bedürfnisse und Ideen des Menschen gehen ja über die eigene Existenzsicherung hinaus und beanspruchen von den grundsätzlich knappen Ressourcen der Menschheit mehr als zum eigenen Weiterleben unbedingt notwendig. Neugier auf das Unbekannte, auf das Ungewöhnliche; Habenwollen und Risikobereitschaft, über das Gute hinweg zum Besseren zu gelangen: für den Menschen ist es charakteristisch, daß er nach genußfreudiger Selbstverwirklichung verlangt, die ein existentiell sicheres Leben nur noch als Basis akzeptiert. Der mutuell Handelnde bewertet jene Ziele als besonders sinnvoll, deren Umsetzungen ihm gerechtfertigte Existenzsicherung wie -erweiterung bringen. Zwischen dem Selbstkonzept als Ziel-System und dessen Realisierungen, die er als Erfolge oder Mißerfolge erlebt, besteht daher eine essentielle Wechselwirkung: Der Handlungsfähige möchte zielgerechte Eigenschaften und Aktivitäten besitzen und entwickeln, zieldienliche Bedingungen vorfinden und bewirken – oder er hat seine Ziele an zwingende Gegebenheiten anzupassen. Aus diesen Gründen ist für den Aufbau und den Erhalt des bewußten Selbstkonzeptes die doppelte Frage leitend: Was möchte ich selbst sein? Was kann und darf ich hiervon im Leben erreichen? Das Selbstkonzept steht folglich in Wechselwirkung mit dem Umweltkonzept.

Das Umweltkonzept

Als Kräfte-System ist der einzelne Mensch ein Teil umfassender Kräfte-Systeme, die dem eigenen Lebenskonzept und dessen Zielen additiv oder dialektisch gegenüberstehen. Einerseits hat das Individuum sein Handeln ständig mit den Anforderungen der Natur und mit den Ansprüchen anderer Personen abzustimmen, andererseits will es auch seine eigenen Ziele erreichen. Bilden die umgebenden Kräfte-Systeme kleinere oder größere Sozialsysteme (als personale Umwelt wesentlich durch Personen gebildet), sind für den Handelnden die Lebenskonzepte der Mitmenschen nicht nur als Mittel zur Verwirklichung des eigenen Lebenskonzeptes, sondern auch als Selbstzweck aufzufassen: Jede Person sieht sich und steht gerechtfertigt im Mittelpunkt der eigenen Lebensstruktur, auch wenn sie sich aus existentiellen Gründen in umfassende Systeme einbringt, mit anderen Personen gemeinsame Lebenskonzepte aufbaut.

Die Familie zum Beispiel ist ein Kräfte-System, in das die Mitglieder ihre eigenen Lebensstrukturen mittels Interaktionen so integrieren, daß ein gemeinsames Familienkonzept entsteht, dessen Sub-Systeme die Lebenskonzepte der Mitglieder sind (vgl. BRONFENBRENNER 1979).

Die Abstimmung der Lebenskonzepte in einem System, das Personen bilden, geschieht wesentlich durch Kommunikation, wobei unter mutuellem Vorzeichen es darum geht, gerechtfertigte Argumente auszutauschen. Mit der Kommunikation ist daher ein inneres Argumentieren zu verknüpfen, das imstande ist, mutuelle Argumente hervorzubringen und die Argumente des Kommunikationspartners mutuell zu verarbeiten. Grundkompetenzen, welche individuelle und gleichzeitig gemeinsame Lebenskonzepte ermöglichen, sind deshalb erstens die Fähigkeit, sich selbst ziel- und realitätsbezogen zu beraten (Kap. 6: Modell der Existentiellen Selbstberatung), und zweitens die Fähigkeit, sich mit anderen Menschen zu beraten und abzustimmen (Kap. 7: Modell der argumentierenden Kommunikation).

Gehören die umgebenden Kräfte der organischen oder anorganischen Umwelt an, ist das Umweltkonzept des Menschen ein ökologisches im engeren Sinn. Dieses umfaßt die existenzbezogenen Wechselwirkungen mit dem geographisch-klimatischen Raum sowie die Wechselwirkungen mit Tieren, Pflanzen und Objekten (BOESCH 1971). Während Personen in ihrem Selbstzweck zu berücksichtigen sind, als grundsätzlich gleichberechtigte Kräfte, gilt dies im Modell des mutuellen Handelns – weil die Argumente hierfür fehlen – nicht ohne weiteres für die Kräfte der nichtmenschlichen Umwelt: sie sind grundsätzlich nur Mittel und Bedingungen der heutigen und zukünftigen menschlichen Existenz. Gehört es zu den Zielen – zu den Lebenskonzepten einer Person oder einer Gemeinschaft –, Tieren, Pflanzen oder sogar der anorganischen Umwelt einen gewissen Selbstzweck einzuräumen, gewährt dies die menschliche Vernunft. In der Natur allein ist das Prinzip des Schutzes anderer Kräfte um ihrer selbst willen nicht enthalten.

Spezifische Merkmale von Lebenskonzepten

Ziele bewirken Approximationen durch Verhalten und Handeln. Approximationen verwirklichen Ziele nur annähernd. Weil Lebenskonzepte Ziel-Systeme sind, können sie schon aus diesem Grunde nie endgültig realisiert werden, also irgendwann im Leben als völlig erfüllt gelten. Sind Ziele erreicht, machen es außerdem die dynamischen Grundziele Existenzsicherung oder -erweiterung notwendig, neue Ziele abzustecken. Die gleiche Wirkung kann von Zielen ausgehen, die sich als unerreichbar erweisen.

Es gehört zu den grundlegenden Eigenschaften von Lebenskonzepten, in eine nur mehr oder weniger berechenbare, vorherbestimmbare Zukunft gerichtet zu sein. Zwar verlaufen allgemeine Trends aus der Vergangenheit in die Zukunft, ob diese aber für den einzelnen Handelnden gutes Leben bringt, bleibt für ihn unsicher.

Es macht auch Unterschiede aus, ob sich Hoffnungen und Prognosen auf naturgesetzlich, verhaltensgesetzlich oder vernunftabhängig zu erreichende Ziele beziehen. Naturgesetzliches kann der Planende berechnen, Verhaltensgesetzliches mit hoher Wahrscheinlichkeit erwarten. Vernunftabhängigkeit aber bringt die Freiheit der Entscheidung mit sich. Weil in Sozialsystemen die Vernunft verschiedener Personen bei der Approximation mitwirkt, wird ein Erfolg wahrscheinlicher und auch dauerhafter, wenn die Ziele untereinander abgestimmt sind, vom Konsens getragen werden, der mittels argumentierender Kommunikation (s. Kap. 7) zustande kommen kann (vgl. Habermas 1971).

Lebensplanung und Zielstrebigkeit erhöhen also die Wahrscheinlichkeit guten Lebens, sie geben keine letzte Sicherheit. Nicht nur, daß Kräfte unvorhersehbar in die Lebensstruktur einer Person eingreifen können, häufig müssen auch Ergebnisse oder Ereignisse abgewartet werden, bevor die Entscheidung für ein bestimmtes Ziel, oder gegen es, getroffen werden kann. Die schulischen Leistungen, genauer: die Zeugnisse eines Jugendlichen entscheiden zum Beispiel, ob Berufe, die einen Hochschulabschluß voraussetzen, zu seinen realistischen Lebenszielen gehören können.

Andererseits sind Leistungen auch abhängig von der Motivation, die sich aus einem angestrebten Ziel ergibt. Deshalb läßt sich behaupten, daß ein bewußtes Lebenskonzept die Wahrscheinlichkeit erhöht, erwünschte mittel- und langfristige Ziele zu verwirklichen, auch indem es dazu herausfordert, die zukunftsbezogene existentielle Frage häufiger zu stellen und widerspruchsfreier zu beantworten: Handle ich gegenwärtig so, wie ich in einigen Jahren wahrscheinlich wünschen werde, jetzt gehandelt zu haben?

Da wir die Zukunft, nicht jedoch die Vergangenheit durch Lebenskonzepte kontrollieren und beeinflussen können, sind Prognosen vom Standpunkt der Lebensgestaltung aus wesentlich bedeutsamer als nach rückwärts gerichtete Erklärungsleistungen (vgl. Stegmüller 1974). Die Körperlichkeit reagiert durch Vergessen und Verdrängen nur unvollkommen auf diesen Umstand, daher muß die Vernunft sich angesichts wieder und wieder aufsteigender, gegebenenfalls lähmender Erinnerungen darauf besinnen, daß für Lebenskonzepte eigentlich nur jene Ereignisse der Vergangenheit wichtig sind, die als Kräfte für die ins Auge gefaßten Ziele direkte Bedeutung haben. Was aus der Vergangenheit gegenwärtig ist, als Kraft noch wirkt, kann gedeutet werden als eine bloße Startbedingung, die im Laufe der Approximation wahrscheinlich mehr und mehr an Wirkung verlieren wird.

Lebenskonzepte sind Ergebnisse und Voraussetzungen planender Hoffnung. Im Mittelpunkt steht, wenn wir von religiös begründeten Annahmen absehen, generell das gute Leben als irdische Lebewesen. Insofern ist es ein existenzdienliches Verfahren, sich auf den Tod, auf die „letzte Realität" (Parsons 1966), durch ein bewußt wirkendes, durch Pläne, Konzepte und ihre Realisierungen erfülltes Leben vorzubereiten. Etwas zu bewirken, was das eigene Leben wahrscheinlich überdauert, dies ist eine Kraft, die Menschen dem Tod entgegensetzen können. Es ist ein Stück Existenzsicherung über das Ende der Körperlichkeit hinaus.

Körperlichkeit und Vernunft gestalten gemeinsam solches Leben in Wechselwirkung (Verfahren ihrer Gesunderhaltung in das individuelle Lebenskonzept aufzunehmen, das folgt als Maxime aus dieser Überlegung). Die Körperlichkeit ist besonders an der Existenzsicherung orientiert, die Vernunft steuert die Körperlichkeit, auch im Hinblick auf die Existenzerweiterung. Die Landkarte des eigenen Lebens in ihren gegebenen Grundlagen zu erkunden und zu gestalten, aber auch ihre Grenzen klug (unter dem Gesichtspunkt der Existenzsicherung also nicht waghalsig) und gerechtfertigt zu erweitern: das sind Handlungsanweisungen, die ein gutes

Lebenskonzept der eigenen reinen Vernunft auferlegt, um so die Lebenschancen zu erhöhen.

Lebenskonzepte bewirken Spannungen zwischen eigener Vernunft und Körperlichkeit. Die primären Bedürfnisse verlangen Befriedigung, die mittel- oder langfristigen Ziele dagegen erfordern häufig den Verzicht auf augenblicklichen Genuß. Gute Lebenskonzepte versuchen, zwischen beiden Anforderungen auszugleichen, sie miteinander verträglich zu machen. Das gute Jetzt und die gute Zukunft setzen gemeinsam ein Maß, denn das gute Jetzt war ja einmal die erstrebte gute Zukunft. Sonst könnte es sein, daß das gute Leben immer nur ein in der Ferne schimmerndes Ziel bleibt.

Lebenskonzepte bewirken soziale Spannungen. Sie stellen Ansprüche an Ressourcen, auf die auch andere Menschen Anspruch erheben oder erheben könnten. Geprüfte Lebensziele haben dies berücksichtigt und sind gerechtfertigte Ergebnisse mutueller Entscheidungen. Es ist aber nicht so, daß von allen Mitmenschen mutuelle Reaktionen auf das gerechtfertigte Lebenskonzept zu erwarten wären. Neid, Mißgunst, das Konkurrenzfühlen und Konkurrenzdenken sind normale Ergebnisse des ganz normalen Eigennutzes. (Die Erfahrungen jedes Lesers werden dies belegen.) Wer die Ziele seines eigenen Lebenskonzeptes anderen mitteilt, sollte sich dieser Realität bewußt sein. Er kann daraus den Schluß ziehen, lediglich einen Teil seines gerechtfertigten Lebenskonzeptes öffentlich zu machen, sich nur mit Vertrauten (fast) vorbehaltlos offen auszusprechen, zu beraten. Wie auch immer: Sich dieses Spannungsverhältnisses zwischen privat und öffentlich zu vergegenwärtigen, gehört zu den besonderen Merkmalen von Lebenskonzepten. So kommt es auch, daß vollständige Lebenskonzepte lediglich gedankliche Konzepte bleiben, die anderen nicht mitgeteilt werden.

Die Individualisierung von Lebenskonzepten

Für den einzelnen Menschen kann das allgemeine Lebenskonzept-Modell nur die Grundlage sein, auf der er sein individuelles Lebenskonzept aufbaut: es sich bewußt macht, es überdenkt, es weiterentwickelt. Aus der Lebensstruktur (Abb. 4) geht hervor, wie vielfältig die Möglichkeiten sind, individuelle Existenzsicherung und -erweiterung zu verwirklichen. Zwar sind die Menschen gleichberechtigt, aber nicht gleich, und existentiell, für den einzelnen und die Gemeinschaft, scheinen die Vorteile der Ungleichheit in einer arbeitsteiligen, spezialistenorientierten Gemeinschaft die Nachteile zu übertreffen. Das schließen EYSENK und EYSENK (1987) aus umfangreichen empirischen Untersuchungen. Die arbeitsteilig strukturierte Gesellschaft hat daher die Aufgabe, dafür Sorge zu tragen, daß ihre Mitglieder eine differenzierte und offene Umwelt vorfinden, die es ihnen ermöglicht, ihre individuellen Fähigkeiten lebensdienlich zu entwickeln und mutuell einzusetzen.

Wie kommen gute individuelle Lebenskonzepte zustande? Weil wir uns auf die Gattung Mensch beschränken, können wir davon ausgehen, daß eher die individuellen Ziele, denn die Verfahren die einzelnen Menschen unterscheiden. Die Verfahren der Logik beispielsweise sind weltweit identisch, aber nicht die Probleme, zu deren Lösung sie angewandt werden. Daher läßt sich, wie eingangs geschehen, mit Recht postulieren: Die individuellen Ziele unterscheiden die Menschen wesentlich, nicht aber ihre Erkenntnis- und Veränderungsstrukturen, also die Verfahren zum gemeinsamen guten Leben hin.

Allerdings: Verfahren lassen nur dann gerechtfertigte Ergebnisse erwarten, wenn einige grundlegende inhaltliche Positionen akzeptiert werden. Dem Ansatz Existentielles Handeln liegt als eine solche Position zugrunde, den Menschen als Handelnden aufzufassen und zu unterstützen, als Subjekt, das selbständig und gerechtfertigt sein Leben gestalten will. Erst aus dieser Position heraus läßt sich folgender Kompaß für den Entwurf und die Realisierung eines individuellen Lebenskonzeptes vorschlagen:

Die Richtung:
Habe Mut zum guten Leben. Tue das, was dir Freude macht. Stelle dich in den Mittelpunkt deiner Welt.

Die Stärke:
Du bist eine Kraft inmitten von Kräften. Je mehr du weißt und kannst, um so stärker bist du. Je stärker du bist, um so wahrscheinlicher wird gutes Leben. Je mehr Kräfte dir helfen, um so stärker ist deine Wirkung: Partnerschaft eint und schafft Kräfte.

Die Qualität:
Eigennutz ist allen gegeben, aber die Menschen sind gleichberech-

tigt. Jeder stehe im Mittelpunkt seiner Welt. Eine gemeinsame gute Welt besteht aus guten Welten.

Die Zukunft:
Frage zuerst: Was möchte ich sein?
Frage dann: Was bin ich?
Frage: Was sollte ich können?
Frage nach deiner Zukunft, weniger nach deiner Vergangenheit.
Frage nach deinen Zielen, erst dann nach deinen Problemen.

Die Ganzheit:
Folge nicht deinen Bedürfnissen.
Folge deinen Bedürfnissen und deinen Ideen.
Höre nicht auf deine Gefühle.
Höre auf deine Gefühle und deine Urteile.

Das Handeln:
Ordne deine Welt.
Durchschaue sie.
Argumentiere, gestalte!

Die Lebensstruktur deutet nicht nur die vielfältigen Möglichkeiten an, die individuellen Lebenskonzepten in der Gemeinschaft der Menschen offenstehen, sie weist auch auf die vielfältigen Einschränkungen und Hindernisse hin, die das Individuum zu erwarten hat. Letztere Bedingungen erschweren Handlungen, sie fordern daher von den Personen mit guten Lebenskonzepten besondere Merkmale, bestimmte Qualitäten, die als wünschenswerte, da notwendige Charaktereigenschaften des Handelnden bezeichnet werden können:

Lebenskonzepte sind Approximationen und lassen sich nur annähernd verwirklichen: Standfestigkeit, zupackender Mut, aber auch Gelassenheit angesichts von Widerstand, Scheitern oder Rückschlägen sind wünschenswerte Eigenschaften.

Die Körperlichkeit des einzelnen setzt durch ihre ererbte Beschaffenheit (als Genotyp) den Zielen gewisse Grenzen. Temperament und generelle Intelligenz (Eysenk und Eysenk 1987) gelten in dieser Hinsicht als wichtige, bestimmende Kräfte: Die Selbstberatung (Kap. 6) fordert den Handlungsfähigen daher auf, sich seiner Möglichkeiten bewußt zu werden, dabei allerdings nicht von festliegenden Grenzen auszugehen, sondern danach zu trachten, diese (durch Lernen) zu erweitern.

Die menschliche Vernunft, hier als Einbildungskraft, kann Ziele fast bedingungsfrei entwerfen: Dies vergrößert die Chance individueller, kreativer Selbsterweiterung, aber auch die Gefahr, wenig wirklichkeitsgerecht zu planen. Eine Einstellung, die man als optimistischen Realismus bezeichnen kann, ist daher angemessen.

Gute Lebenskonzepte fassen Vernunft und Körperlichkeit als Einheit auf und die Person als Teil der menschlichen Gemeinschaft: Die moralische Orientierung an der Gleichberechtigung ist bei Handlungs-Systemen eine von Vernunft und Körperlichkeit getragene mutuelle Einstellung des Charakters. Hegel (1797/98) nennt sie Liebe zum Mitmenschen, die einmal stärker körperlichkeitsbestimmt ist, als erotische Liebe zwischen Menschen, einmal stärker vernunftbestimmt ist, als Liebe zur Menschheit.

Lebenskonzepte erfordern auch Verzichte: Selbstdisziplin kommt dem entgegen, aber auch die Fähigkeit, zwischen der guten Zukunft und dem guten Jetzt zu balancieren.

Gute Lebenskonzepte bauen sich auf Wissen und Können auf, auf Kommunikations- und Produktionskompetenzen: Individuelle, kreative Lebenskonzepte sind auch das Ergebnis informierten Auswählens. Umfassende, vielfältige Informationen und Handlungskompetenzen erworben zu haben, ist hierfür eine Voraussetzung. Engagement und Geschick sind daher wichtige Mittel guter Lebenskonzepte, werden aber auch durch sie gestärkt. Gute Lebenskonzepte beispielsweise beruhen auf Selbstvertrauen, aber sie bewirken dieses auch.

Zwischen den Verfahren zum Entwickeln und Realisieren von Lebenskonzepten und den Charaktereigenschaften bestehen generell Wechselwirkungen. Einfach gesagt: Mit einiger Wahrscheinlichkeit bewirken „gute Lebenskonzepte“ auch „gute Menschen“ – und umgekehrt.

Anschaulich vergleichen läßt sich die für gute Lebenskonzepte erstrebte Qualität mit der Struktur und Wirkungsweise eines Staatsgebildes. Wie Gesetze und Freiheiten eines Staates für alle Handlungsbereiche festzulegen versuchen, was notwendig, was gerechtfertigt und was nicht erlaubt ist, hat sich auch das Ziel-System Lebenskonzept als Ganzheit auf alle Bereiche zu erstrecken. Es soll den Handelnden generell befähigen, nach innen und außen gleichzeitig Parlament und Regierung zu sein. Jeder Handelnde prüft und gibt sich die ihn selbst verpflichtenden Normen und schafft dadurch die Voraussetzung, als eigener Innen- und Außenminister, Kultur-, Wirtschaft-, Sozial- und Umweltminister zu wirken. Jedes Individuum handelt mutuell wie ein Staat im Staatenbund, als ein gerechtfertigtes Subsystem im umfassenden System, das die ihn einschließende Gemeinschaft bildet.

Die Realisierung von Lebenskonzepten

Wie verwirklichen Handlungsfähige ihre Lebenskonzepte? Wir haben zwei Grundkompetenzen unterschieden, wenn es um äußeres Handeln geht: Kommunikation und Produktion. Lebenskonzepte realisiert der Mensch folglich, indem er Informationen mitteilt oder Güter schafft. Beides bereitet er vor und bewertet es durch inneres Handeln. Die Modelle des inneren Argumentierens (Kap. 6), der Kommunikation (Kap. 7) und des mutuellen Produzierens (Kap. 8) enthalten daher die wesentlichen Ansätze und Verfahren auch für die Verwirklichung von Lebenskonzepten.

Lebenskonzepte werden realisiert, indem Wechselwirkungen zwischen innerem und äußerem Handeln stattfinden. Das innere Handeln umfaßt in dieser Hinsicht die Gedanken über die bestehende oder erwünschte Realität (Gedanken als Ideen und Urteile, als Bewußtwerden von Bedürfnissen und Gefühlen), ausgerichtet auf beabsichtigte Handlungen in Lebensbereichen wie Familie, Beruf, Kunst oder Gesundheit, potentiell auf alle Bereiche der Lebensstruktur. Da äußere, konkrete Handlungen das innere Handeln zu verwirklichen suchen, zeigen Lebenskonzepte sich deshalb – wie die zugrundeliegenden Lebensstrukturen, Abb. 5 – auf drei Ebenen: das Lebenskonzept ist (1) ein gedankliches Gesamtkonzept für das eigene Handeln; es enthält (2) bereichsbezogene Konzepte als Teilsysteme, und es wird (3) in realen einzelnen Handlungen umgesetzt. Dies ist die gleiche Struktur, die Losee (1977) in jeder Wissenschaft erkennt: Wissenschaft ist Metatheorie, hat Bereichstheorien und zielt auf die Realität. Es ist folglich Neubauer (1976) zuzustimmen, wenn er nahelegt, Lebenskonzepte als mehr oder weniger theorieähnliche Modelle über sich selbst und über die Umwelt aufzufassen. Theorie und Realität stehen in Wechselwirkung. Lebenskonzepte und lebenslange Erfahrungen führen daher, wenn ihre Wechselwirkungen existenzgerecht verarbeitet werden, in Personen schließlich zu hochentwickelten Wissens-Systemen, die qualitativ „Weisheit“ genannt werden können (Paul Baltes und Jacqui Smith 1990).

Im Existentiellen Handeln sind Lebenskonzepte Ziel-Entwürfe, um gutes Leben in der Gemeinschaft in den verschiedenen Lebensbereichen wahrscheinlicher erreichen zu können (vgl. Lamp 1984). Jeder Lebensbereich bringt dabei besondere Probleme ein, Rollenprobleme zum Beispiel in der Berufswelt, tiefenpsychologische in der Familie. Der Ansatz, auf der Grundlage von Lebenskonzepten zu handeln, verdrängt also keineswegs spezifische Theorien, wie Rollentheorien oder psychoanalytische. Sich selbst als Metatheorie setzend, integriert er sie und ordnet sie der Ebene der Theorien zu. Dadurch liegen sie gedanklich eine Ebene tiefer als der Ansatz selbst: sie werden für diesen zu Bereichstheorien mit begrenztem Geltungsanspruch.

Lebenskonzepte realisieren sich in Gemeinschaften, die knappe Ressourcen zuteilen oder zu verwehren trachten (Siebert 1989). Auf den Zusammenhang zwischen Zielen und gesellschaftlichen Ressourcen zielt die Frage: „Was sollte und darf ich im Leben erreichen?“ Es sind daher kulturelle, soziale, ökonomische Konzepte, Entwicklungen und Tendenzen der umgebenden Sozialsysteme, insbesondere der Gesellschaft zu beachten.

Gemeinschaften zum Beispiel, die zu einem großen Teil von Export und Austausch leben wollen, haben international attraktive und konkurrenzfähige Produkte zu erzeugen. Da in körperlicher Arbeit hergestellte Produkte heute dies überwiegend nicht sein können, sind dann Lebenskonzepte notwendig und wünschenswert, zu deren Zielen und Kompetenzen es gehört, Produkte zu entwerfen und zu planen, die in zunehmendem Maße von intelligenten Maschinen hergestellt werden. Dieser kulturell-ökonomische Anspruch an die Bildungsziele muß nicht für jede einzelne Person in solchen Gemeinschaften zur Norm werden, doch läßt sich postulieren, daß es bereits unter ökonomischem Gesichtspunkt zweckmäßig ist, in Industriegesellschaften, in der Bundesrepublik Deutschland beispielsweise, möglichst viele Lebenskonzepte zu entwickeln und zu realisieren, die sowohl theoretisches wie praktisches Handeln umfassen, die also die drei Ebenen des Handelns (lebensumfassendes Konzept, bereichsspezifisches theoretisches

Wissen, bereichsspezifische praktische Kompetenzen) miteinander in Beziehung bringen.

Solche gesellschaftlichen Konzepte haben auch moralische Argumente für sich, da sie durch ihre Verknüpfung von Theorie und Praxis, von Vernunft und Körperlichkeit, dem Menschenbild entsprechen, das als Ideal dem mutuellen Handeln zugrunde liegt: die Persönlichkeit, die ihre Ziele selbständig und gerechtfertigt verwirklicht.

Konstruktion und Rekonstruktion von Lebenskonzepten

Der Mensch wird als ein Verhaltens-System geboren, das evolutionär herausgebildete Grundlagen zur Entwicklung von Lebenskonzepten vorgibt (Abb. 5). Es dominiert zunächst die Körperlichkeit im Kinde, mit auf eigene Existenzsicherung ausgerichteten Bedürfnissen und Gefühlen; ihr nur unzureichend bewußtes Ziel-System ist zu charakterisieren als eigennützig. Die Entwicklung zum bewußten Lebenskonzept einer selbständig und gerechtfertigt handelnden Person (eines mutuellen Handlungs-Systems) geschieht aus diesen Gründen zunächst unter eingeschränkter Mitwirkung des Kindes: Bezugspersonen (Handlungs-Systeme) handeln für es und wirken durch Bildung und Erziehung auf es ein, bis es selbst zunehmend fähig wird, als Handlungs-System sein Lebenskonzept zu erkennen, bewußt zu verändern und zu realisieren.

Prüfkriterium des Fortschrittes ist hierbei die zunehmende Beherrschung und Legitimität des eigenen Lebens. Das Kind versucht immer bewußter, sich und sein Umfeld „lebenstechnisch" und moralisch in Einklang zu bringen (Eysenk und Eysenk 1987). Diese Entwicklung kann allerdings nicht glatt und wie selbstverständlich verlaufen, das verhindert der eigene Eigennutz und der der Umwelt. Vielmehr ist es so, daß nach dem Verlassen kindgemäßer Schonräume (wie Familie und Schule) sich insbesondere bei männlichen Jugendlichen auch eine „Rückentwicklung" zu mehr Eigennutz im Handeln beobachten läßt (Eisenberg, Miller et al. 1991). Schon die Notwendigkeit, eigene Ziele in einem am Eigennutz orientierten Wirtschaftssystem zu erreichen, ist hierfür eine hinreichende Erklärung (vgl. Kap. 8). Daß andererseits auch die eigene Körperlichkeit hieran mitwirkt, zeigt die Beoachtung alter Menschen, die, unter alters- oder krankheitsbedingter Vernunftschwäche den rücksichtslosen Eigennutz wieder zum Maße ihres

Verhaltens machen. Nicht altruistische Alters-Weisheit, sondern Alters-Egoismus kennzeichnet dann, von der Natur gesetzt, häufig das konkrete, lebenstechnisch intelligente Verhalten alter Menschen.

In dem Maße wie Kinder sich zu Handlungs-Systemen entwikkeln, wächst auch ihre Eigenverantwortung. Die Hilfe durch die Familie nimmt ab. Ergänzende Institutionen kommen hinzu, insbesondere die Schule, die jedoch, wenn nicht ganzheitlich, sondern fächerorientiert organisiert, den Schüler häufig bei der Entwicklung seines die Ganzheit der Lebensstruktur umfassenden Lebenskonzeptes nur unzureichend unterstützen kann. Sie ist unter diesen Voraussetzungen durch außerschulische Bildungsarbeit zu ergänzen. Es ist aber auch auf die Schule und ihre Bildungs- wie Erziehungsangebote so einzuwirken, daß sie die Entwicklung der Lebenskonzepte bewußter sich selbst zur Aufgabe setzt.

Die selbständige lebensgerechte Entwicklung und Realisierung von Lebenskonzepten setzt voraus, Handlungs-System zu sein. Neben den entwicklungsbedingten Verhaltens-Systemen, den Kindern, sind aber auch kasuale oder heilungsbedürftige zu berücksichtigen. Kasuale Verhaltens-Systeme bedürfen der Rekonstruktion, problembedingte und generelle Verhaltens-Systeme der Therapie, gerade auch hinsichtlich ihrer Lebenskonzepte.

Mutuelle Lebenskonzepte sind zu entwickeln und zu realisieren durch Argumentieren und Produzieren. Beide Grundkompetenzen setzen die Fähigkeit des Menschen voraus, sich im inneren Handeln der Lebensaufgaben, der Lebensprobleme bewußt zu werden und Problemlösungen zu entwerfen. Das folgende ZAPORE-Modell zeigt, daß dies unter dem Gesichtspunkt des Verlaufes einer Handlung lebensgerecht in sechs Schritten geschieht.

5. Die sechs Schritte jeder Handlung: ZAPORE

Probleme lösen wir am besten durch Handeln. Dabei gehen wir schrittweise vor. Wie viele Schritte umfaßt eine lebensgerechte Handlung? Da empirische Forschungen grundsätzlich Gefahr laufen, zu dieser Frage nur Durchschnittswissen hervorzubringen, können wir vom logischen Denken, von der reinen Vernunft am ehesten die lebensdienlich beste Antwort erwarten. Es wird sich dann zeigen, ob das derart erkannte Ideal auch in der Realität greift, wenn es nämlich mit der praktischen Vernunft verknüpft wird, um konkretes Handeln zu leiten:

Grundstruktur einer Handlung

Die Approximation an ein Ziel, und das soll eine Handlung ja leisten, vermag zwei unterschiedliche Zwecke anzustreben: sie kann die bessere Erkenntnis von Kräfte-Systemen oder ihre Veränderung zur Aufgabe haben. Bei einer Handlung, die gutes Leben anstrebt, kommt beides zusammen: Der mutuell Handelnde will erkennen, welche Kräfte das Problem zum gemeinsamen guten Leben hin lösen könnten, und er will diese Kräfte wirken lassen, also den als Problem wahrgenommenen Iststand zum guten Leben hin verändern.

Das Erkennen geschieht zielorientiert (da lebensorientiert), das Verändern ebenfalls. Daher liegt folgende Schlußfolgerung nahe: Durch die Kombination der zwei Handlungsmuster (hier: Approximationstypen) Erkennen und Verändern mit den drei prozessualen Momenten (Ziel, Iststand, Approximation) ergeben sich sechs Handlungskategorien (s. Abb. 6). Diese bewältigen unterschiedliche, aber miteinander verknüpfte Aufgaben: Da jede Handlung zunächst Erkennen (Wahrnehmung und Bewußtwerden des Problems sowie der relevanten Kräfte) und dann Verändern (Lösung

BEGRÜNDUNG DER SECHS HANDLUNGSKATEGORIEN:

ERKENNEN			VERÄNDERN		
Iststand	Approximation	Ziel	Iststand	Approximation	Ziel
Analyse der vorliegenden Bedingungen	Planung der Realisierung	Erkennen des Zieles	Organisation der Realisierung	Realisierung der Planung	Bewertung Erhalt Ausbau
Analyse	Planung	Zielfindung	Organisation	Realisierung	Evaluation

ABFOLGE DER SECHS HANDLUNGSSCHRITTE:

1.	2.	3.	4.	5.	6.
→	→	→	→	→	→
Zielfindung	Analyse	Planung	Organisation	Realisierung	Evaluation

Abb. 6: Die sechs Schritte jeder Handlung: ZAPORE-Modell. – Durch die Kombination der zwei Approximationstypen (Erkennen, Verändern) mit den drei prozessualen Momenten (Ziel, Iststand, Approximation) entstehen sechs Handlungskategorien, die für das Gelingen einer Handlung unterschiedliche Funktionen haben. Die Funktion (Leistung) einer Handlungskategorie besteht beispielsweise im „Erkennen des Zieles". – Aus den Funktionen ergeben sich die Bezeichnungen der Kategorien: Analyse, Planung, Zielfindung; Organisation, Realisierung, Evaluation. – Die Kategorien sind, wenn ihre funktionsgerechte Abfolge betrachtet wird, „Handlungsschritte". Der erste Handlungsschritt ist immer die Zielfindung.

des Problems durch Kräfte) umfaßt, bilden die Kategorien auch die Schritte jeder Handlung, indem sie nämlich funktional aufeinander folgen: zunächst die drei des Erkennens (Erkennen des Zieles; Analyse der vorliegenden Bedingungen; Planung der Realisierung), dann die drei der tatsächlichen Veränderung: (Organisation der Realisierung; Realisierung der Planung; Bewertung, Erhalt und Ausbau des Realisierten).

Aus ihren Funktionen, aus ihren Aufgaben bei der Bewältigung einer problemlösenden Handlung, ergeben sich auch die Namen der Schritte, wie sie im folgenden Beispiel und in der Abbildung 6 in ihrer Abfolge aufgeführt sind: Wer die Bedeutung eines Wortes erkennen will, hat damit sein Ziel bestimmt (Zielfindung), dann überlegt er, welche Möglichkeiten zur Zielerreichung vorhanden sind (Analyse), und beschließt sowie entwirft das Nachschlagen in einem Wörterbuch (Planung). Auf diesen Schritten des inneren Handelns aufbauend, die als Erkennen zu charakterisieren sind, kommt er zur Tat, zu den drei Schritten des tatsächlichen Veränderns: er greift zum Stuhl, um ihn als Leiter zu nutzen, nimmt das Wörterbuch aus dem Regal (Organisation), liest und begreift die Definition des Wortes (Realisierung). Im weiteren wird er feststellen, ob das erworbene Wissen (Ziel der Veränderung war dieser neue Iststand) tatsächlich existentiell trägt, und sich gegebenenfalls entschließen, es zu variieren oder zu vertiefen (Evaluation).

Jede Handlung folgt mehr oder weniger bewußt diesen sechs Schritten. Im Routinehandeln nehmen wir sie allerdings nur verkürzt wahr, ordnen sie aber doch in ihren Gesamtzusammenhang ein: „Vorsicht!" ruft auf dem Bürgersteig ein Radfahrer. Er äußert nur Schritt 5 (Realisierung), die anderen Schritte sind sehr schnell und kaum bewußt in ihm abgelaufen. Trotzdem verstehen die Fußgänger den Gesamtzusammenhang und werden existenzbezogen reagieren.

Was der Radfahrer ruft, ist Ergebnis einer notwendigerweise sehr verkürzten inneren Argumentation, aber doch Teil eines existenzbezogenen Systems aus Argumenten (vgl. hierzu den Begriff „Enthymem" in der Philosophie). In anderen Lebenssituationen können und sollten wir dagegen bewußt und ausführlich argumentierend auf jeden Schritt eingehen, beispielsweise bei der Vorbereitung einer Verhandlung vor dem Verkehrsgericht.

Feinstruktur einer Handlung

Wir haben Probleme, weil das Leben inhaltlich (moralisch und lebenstechnisch) wie formal (durch die Wechselwirkungen) kompliziert ist. Bei einer Handlung zeigt sich dies schon darin, daß jeder Handlungsschritt für sich genommen selbst eine kleine zielorientierte Handlung und daher in Schritte unterteilbar ist: in Teilschritte. Es sind wiederum sechs, denn sie werden, da eine Hand-

	GRUNDSTRUKTUR					
	1. Zielfindung	2. Analyse	3. Planung	4. Organisation	5. Realisierung	6. Evaluation
FEINSTRUKTUR						
1. Zielfindung	1.1	2.1	3.1	4.1	5.1	6.1
2. Analyse	1.2	2.2	3.2	4.2	5.2	6.2
3. Planung	1.3	2.3	3.3	4.3	5.3	6.3
4. Organisation	1.4	2.4	3.4	4.4	5.4	6.4
5. Realisation	1.5	2.5	3.5	4.5	5.5	6.5
6. Evaluation	1.6	2.6	3.6	4.6	5.6	6.6

Abb. 7: Grund- und Feinstruktur einer Handlung. – Die Grundstruktur einer Handlung besteht aus den 6 Schritten. Jeder Schritt kann selbst wieder in diese 6 Schritte unterteilt sein. Das ist die Feinstruktur des Schrittes. – Aus der Abbildung ist daher ein feinstrukturierter Standardverlauf ableitbar, der mit dem Teilschritt 1.1 beginnt und mit dem Teilschritt 6.6 endet. – Es ist jedoch nicht davon auszugehen, daß ein solch betont rationaler Verlauf für den Alltag charakteristisch ist. Kennzeichnend sind vielmehr in der Lebensrealität einmal bewußte Schwerpunktsetzungen und zum andern auch Schritte, die nahezu unbewußt ablaufen. Es kann allerdings notwendig sein, je nach Problemlage, in einem Schritt die potentielle Feinstruktur voll auszuschöpfen.

lung vorliegt, ebenfalls durch die sechs Kategorien des Handelns begründet.

Wenn ein Untersuchungsrichter analysiert, weshalb es eigentlich zur Auseinandersetzung zwischen Fußgänger und Radfahrer kam (er befindet sich gedanklich dann im 2. Handlungsschritt), legt er die Ziele der Analyse fest (Teilschritt 1. Beispiel: Wer kann etwas über den Unfall aussagen?), analysiert die Bedingungen der Analyse (Teilschritt 2. Beispiel: Augenzeugen wären die zuverlässigste Hilfe), plant das der Analyse dienende Vorgehen (Teilschritt 3. Beispiel: Aufruf in der Lokalzeitung), schafft durch äußeres Handeln günstige organisatorische Bedingungen (Teilschritt 4. Er bittet die Lokalredaktion um Veröffentlichung), führt die Analyse durch (Teilschritt 5. Hört die Augenzeugen an) und bewertet schließlich ihre Aussagen und damit den Erfolg seines analysierenden Vorgehens

(Teilschritt 6). Hierbei übernimmt er in jeden Teilschritt der Analyse die Regeln eines anderen Handlungsschrittes als Unterregeln. Um die Analyse (2. Handlungsschritt) zu planen, verwendet er also die Regeln der Planung als Unterregeln, folglich die des dritten Handlungsschrittes.

Im Modell der Selbstberatung, Kapitel 6, sind die wichtigsten Regeln der Planung genannt, beispielsweise: Ziele können auf unterschiedlichem Wege erreicht werden; und: Bleiben Sie offen für notwendige Änderungen! Beides wäre für ihn wichtig gewesen, wenn sich auf den Aufruf in der Lokalzeitung niemand gemeldet hätte. Dann kommt es nämlich im Interesse des Geschädigten darauf an, nicht das Ziel, die Wahrheitsfindung, schnell resignierend aufzugeben, sondern nach anderen Wegen einer zuverlässigen Analyse zu suchen.

Die Gliederung in Handlungsschritte und Teilschritte könnte sogar nochmals mit Hilfe der sechs Kategorien des Handelns unterteilt werden, und bei umfassenden, langwierigen Problemen ist das auch notwendig. Da sich eine solche Feinststruktur im Prinzip nicht von der Feinstruktur unterscheidet, wird es genügen, sich hier auf die Abbildung 7 zu beschränken. Aus dieser Abbildung 7 ist ein detaillierter Standardverlauf ableitbar, der mit dem Teilschritt 1.1 beginnt und mit dem Teilschritt 6.6 endet. Es wäre wenig realistisch, davon auszugehen, daß bei realen Problemen ein solch bewußt rationaler Verlauf charakteristisch ist. Kennzeichnend für den Alltag sind vielmehr, wie bereits einführend dargestellt, einmal bewußte Schwerpunktsetzungen und dann auch nahezu unbewußte Prozesse. Außerdem wechseln sich im Verlaufe der Problemlösung innere und äußere Handlungen ab. Inneres Argumentieren bereitet ja nicht nur das äußere Kommunizieren oder Produzieren vor, es begleitet auch beide Grundkompetenzen des Menschen.

6. Die Selbstberatung

Die Lebensstruktur einer Person ist ihre geordnete Lebenswelt, sie enthält sowohl die Ziele (die geordnet: Lebenskonzept heißen) wie auch die zielförderlichen und zielhemmenden Bedingungen ihres Lebens. Wer ein Problem lösen will, arbeitet daher an seiner Lebensstruktur, verändert sie, auf gutes Leben ausgerichtet. Er handelt dabei zielorientiert, weshalb er alle relevanten Kräfte am Ziel mißt, nämlich an der Problemlösung. Er interpretiert die Kräfte als entweder additiv (dann sind sie Mittel der Problemlösung) oder als dialektisch (dann behindern sie die angestrebte Lösung).

Die Ursachen des Problems, um darauf besonders hinzuweisen, werden aus seiner Perspektive zu dialektischen Bedingungen, die bei der Bewältigung zu berücksichtigen sind. Zielorientierung zaubert nicht die Ursachen des Problems weg, sondern definiert sie als Bedingungen, denn: Primär sind nicht die Ursachen, primär sind die existentiellen Ansprüche des Menschen, die durch Kräfte in diesem Falle behindert werden. Dies begründet das Primat der Ziele über die Bedingungen, also auch das der Ziele über die Ursachen.

Selbst das Denkmodell des Mediziners ist grundsätzlich kein anderes. Er konzentriert sich nur deshalb auf die Ursachen einer Krankheit, weil diese dialektische Bedingungen eines selbstverständlichen Zieles sind: der Gesundheit als Teil des guten Lebens.

Ein Arzt sucht die Bedingungen der Krankheit vor allem in der Körperlichkeit des Kranken, das mag bereits zu eng gedacht sein. Unzureichend ist dies aber gewiß, wenn nach den Bedingungen (Ursachen) kultureller, sozialer, persönlicher und umweltbezogener Probleme gefragt wird. Diese erstrecken sich potentiell über die gesamte Lebensstruktur. Erst die Offenlegung der durch das Problem verletzten Lebensziele, ob es eben kulturelle, soziale, persönliche oder umweltbezogene sind, klärt daher, welche Bedingungen zu ändern sind, wenn es darum geht, gemeinsames gutes Leben zu erreichen:

Monika klammert sich im Kindergarten schluchzend an ihre Erzieherin. Sucht sie die Hilfe der Bezugsperson oder möchte sie durch ihr Umarmen eine Bezugsperson gewinnen? Möchte sie noch mehr im Mittelpunkt der Gruppe stehen oder versucht sie verzweifelt, eine Außenseiterrolle zu überwinden? Wenn wir die Lebensstruktur (Abb. 4) überfliegen: Leistung, Familie, Freunde, Charakter, Enttäuschung, Krankheit, Behinderung, jedes Element für sich könnte bereits die Bedingung sein, welche das Grundziel „Gutes Leben“ für Monika zum Problem macht.

Die für das Problem verantwortliche Bedingung zu finden (oder die verantwortlichen Bedingungen, oft sind es ja mehrere), erweist sich als sehr schwer. Eine Vierjährige zu befragen, wird wahrscheinlich nichts Zuverlässiges ergeben. Die Eltern zu hören, wenn sie tatsächlich die Ursache sein sollten, wohl ebensowenig. Im Falle einer körperlichen Behinderung läßt sich vielleicht das Verhalten der Kindergartengruppe ändern, wenn es eine Ursache sein sollte, das Verhalten aller Menschen, mit denen Monika im Laufe ihres Lebens zusammenkommen wird, aber nicht. Ist es ihrem guten Leben dienlich, wenn sie darauf nicht vorbereitet ist? Hier wird sehr deutlich, warum das Primat der Ziele über die Ursachen so wichtig ist.

Was kann die Erzieherin dazu beitragen, daß Monika trotz ihrer Behinderung eine Chance auf gemeinsames gutes Leben erhält? Nüchtern gesagt, sollte Monika es im Laufe ihrer Entwicklung zur Erwachsenen schaffen, solche Ziele zu realisieren, daß sie schließlich als Persönlichkeit auf Menschen eine so attraktive Wirkung ausübt, daß diese, aus mehr oder weniger eigennützigen Motiven, ihre Behinderung akzeptieren. Und sie selbst sollte so stabil werden, daß sie abweisende Reaktionen ertragen kann. Bei der Entwicklung eines entsprechenden Lebenskonzeptes und entsprechender Kompetenzen hat die Erzieherin zu helfen. Sie erzieht nicht für ein Paradies, sondern für die gesellschaftliche Realität. Bildung und Erziehung sind für Monika daher die besten Bedingungen, um ihr mit hinreichender Wahrscheinlichkeit gutes Leben zu ermöglichen. Bildung und Erziehung schaffen es am ehesten, die Unterschiede zwischen den Menschen zu überwinden.

Die Erzieherin denkt nach, wie sie Monika helfen kann, also: welche Bedingungen sie problemlösend zu ändern hat. Alles, was bisher über das Handeln gesagt wurde, wird dabei von Bedeutung. Ganz allgemein, als Basis für Problemlösungen durch Nachdenken, also als Grundlage der Selbstberatung, sollte sich die Erzieherin (und sollten wir uns) an folgender kräftebezogener Struktur orientieren:

– Ein Problem ist als Kräfte-System zu interpretieren.
– Dieses Kräfte-System entsteht durch das Zusammentreffen von Lebensstrukturen und Lebenskonzepten in einer Welt der beschränkten Ressourcen.
– Die Kräfte sind durch ihre Funktionen für die beteiligten Lebenskonzepte zu bestimmen und über ihre Funktionen für das gemeinsame gute Leben zu bewerten. Auf diese Weise erkennen wir die Ziele der Beteiligten sowie die problemschaffenden und problemlösenden Bedingungen.

Wenn wir uns beraten, geht es nicht nur um private Interaktionen mit anderen Menschen, wir beraten uns auch alltäglich aufgrund von Problemen, die beruflich durch Adressaten, durch Institutionen oder die Gesellschaft entstehen. Wir bringen in diese Beratungen nicht nur praktische Lebenserfahrungen, sondern auch fachtheoretische Konzepte ein: psychologische Ansätze beispielsweise, wenn wir uns auf die professionelle Beratung von Adressaten vorbereiten; soziologisches Wissen, wenn ein Gemeinwesen beeinflußt werden soll; politische Konzepte, wenn wir auf der gesellschaftlichen Ebene tätig sind. Im Folgenden werden, als Beispiele, vornehmlich Probleme aus dem privaten Alltag erörtert, weil sie jeder Leser in ähnlicher Weise erlebt hat, und jeder daher in der Lage ist, die Darlegungen kritisch mit eigenen Problemlösungen zu vergleichen:

Wer eine Wohnung mieten möchte (er hat ein dem guten Leben dienendes Ziel), befragt seine Lebensstruktur hinsichtlich der für die Zusage des Hausbesitzers relevanten Kräfte (Bedingungen). Er ordnet sie diesem Ziel zu, wodurch sie additive oder dialektische Elemente des Kräfte-Systems „Approximation“ (Problemlösung) werden. Sie erhalten dadurch als Kräfte häufig neue Bedeutungen. Die eigene Katze erweist sich unter Umständen als eine dialektische Bedingung, wohingegen die Freundschaft des Vaters mit dem Hausbesitzer sich als additive Kraft zeigt.

Ein Handelnder, im Beispiel der Wohnungsmieter, überlegt, vergleicht, befragt sich, ordnet zu, bewertet. Dabei geht er von Bedürfnissen und Ideen aus, und er kommt zu Urteilen und Gefühlen, indem er Begriffe, Vorstellungen, Empfindungen nutzt. Diese Aktivitäten und Eigenschaften finden sich in gleicher Weise beim Hausbesitzer. Beide verwenden nämlich allgemeine Vorgehensweisen des inneren Handelns, die Menschen stets einsetzen (genauer: als Handlungs-System einsetzen sollten), wenn sie ihre Probleme mit Erfolg und gerechtfertigt lösen wollen, gleich, um welche Elemente aus ihrer Lebensstruktur es geht.

Aber: Zwar beraten sich Mieter und Vermieter nach dem gleichen Verfahrensmuster, doch ihre Ziele sind nicht deckungsgleich. Der Vermieter wendet die Selbstberatung an, um eine zufriedenstellende Rendite bei Erhaltung der Bausubstanz zu erhalten, der Mieter dagegen befaßt sich mit Nutzwert und Kosten der Wohnung. Das Verfahren ist gleich, die Ziele und damit die Bedingungen des Nachdenkens sind zum Teil verschieden (seine Inhalte nämlich, auch je nach Perspektive genannt: Eigenschaften, Gegenstände, Wissen, Information). Diese Einsicht ist wichtig, um das innere Argumentieren als ein allgemeines Verfahren des menschlichen Handelns in seiner Bedeutung zu verstehen. Wer es gerechtfertigt anwendet, reduziert damit nicht die dem guten Leben dienende Individualität von Lebenskonzepten und Lebensstrukturen (etwa, weil er handelt wie andere auch). Im Gegenteil, er fördert und vertieft das Individuelle, durch die mit dem Argumentieren einhergehende inhaltliche Bewußtseinserweiterung (vgl. EYSENCK und EYSENCK 1987).

Inneres Argumentieren als Grundlage der Selbstberatung

Der Ansatz „Existentielles Handeln" trennt gedanklich inneres und äußeres Handeln als zwei Orte einer problemlösenden Handlung voneinander. Das innere Handeln, wenn es die Funktion hat, an der problemlösenden Realisierung von Zielen mitzuwirken, wird zum inneren Argumentieren, denn um Ziele in einer Welt der beschränkten Ressourcen realisieren zu dürfen, bedarf es guter Argumente. Allerdings: Inneres Argumentieren umfaßt darüber hinaus auch das freie Denken, dem es primär um das schöpferische Erfinden von Ideen geht, weniger um ihren Realitätsbezug. Dies unterscheidet das innere Argumentieren als System vom hier zu entwickelnden Modell der Selbstberatung. Diese ist nur eine Teilmenge des inneren Argumentierens, nämlich jene, deren Funktion in der Planung und Bewertung äußeren Handelns liegt.

Zum Zwecke theoretischer Strukturierung des inneren Argumentierens ist es angebracht, wie bereits dargelegt und eingeführt, auf die Metapher „Kraft" zurückzugreifen, also das innere Geschehen als Kräfte-System aufzufassen, in dem Sub-Kräfte-Systeme wirken.

Kräfte-Systeme sind unter zwei Aspekten zu betrachten, als Substanzen und als Prozesse. Richtet sich die Aufmerksamkeit auf die Substanz, sprechen wir von den Eigenschaften eines Kräfte-Systems, richtet sie sich auf den Prozeß, sprechen wir von Aktivitäten.

Im inneren Argumentieren werden die Eigenschaften der Kräfte (Kräfte-Systeme) als Informationen bezeichnet, oder auch als Wissen, das aus Informationen besteht. Die Aktivitäten, etwa das Schlußfolgern oder das Mitteilen, versuchen lebensgerechtes Wissen zu schaffen oder es lebensgerecht zu verwenden.

Der Vermieter folgert (Aktivität) aufgrund der Information, daß ein geregeltes Einkommen vorliegt (die Information als „Eigenschaft"): Die Mietzahlungen werden wahrscheinlich pünktlich erfolgen.

Das innere Argumentieren (des Vermieters) ist also ein Kräfte-System mit Eigenschaften und Aktivitäten, die, gemäß den in Kapitel 1 festgelegten Definitionen der Kräfte, entweder der Körperlichkeit oder der Vernunft zuzuordnen sind (Abb. 8): Sind die Eigenschaften eher unklar, die Aktivitäten eher unbewußt und fehlt noch die Überprüfung unter mutuellem Gesichtspunkt, ordnen wir solche Eigenschaften und Aktivitäten der Körperlichkeit zu. Hierzu gehören beispielsweise die Vorstellungen und die Gefühle als Eigenschaften der Körperlichkeit, das Speichern von Eigenschaften und das Sich-Erinnern als Aktivitäten. Sind die Eigenschaften geklärt, die Aktivitäten bewußt und steuerbar, ordnen wir sie der Vernunft zu: Begriffe, Ideen und Urteile sind Eigenschaften der Vernunft, das Verallgemeinern, Schlußfolgern, Prüfen sind ihre Aktivitäten.

Wir haben uns allerdings daran zu erinnern, daß die Person eine Einheit aus Vernunft und Körperlichkeit ist. Körperlichkeit und Vernunft sind keine Schubladen, die Inhalte eindeutig voneinander trennen, sondern offene Systeme mit fließenden Übergängen. Die funktionalen Definitionen von Vernunft und Körperlichkeit mit Hilfe der Merkmale Eigenschaft und Aktivität sind Approximationen.

	EIGENSCHAFTEN	AKTIVITÄTEN
VERNUNFT	Begriffe Ideen Urteile	Verallgemeinern Schlußfolgern Erfinden Prüfen
KÖRPER- LICHKEIT	Empfindungen Vorstellungen Bedürfnisse Gefühle	Wahrnehmen Speichern Sich-Erinnern Mitteilen

Abb. 8: Kräfte im inneren Argumentieren. – Das innere Argumentieren vollzieht sich durch die Wechselwirkungen zwischen den Grundkräften Vernunft und Körperlichkeit. – Jede Grundkraft ist ein Kräfte-System, in dem funktionsgerechte Eigenschaften und Aktivitäten wirken. Im inneren Argumentieren verknüpfen sich beide Kräfte-Systeme und wirken zusammen. – Das innere Argumentieren ist folglich ein ganzheitliches Geschehen, an dem Vernunft und Körperlichkeit beteiligt sind. Es ist inneres Handeln.

Das Bewußtsein als eine Voraussetzung

Im inneren Handeln wirken Vernunft und Körperlichkeit. Gemeinsam sind sie an einer wesentlichen Voraussetzung inneren Argumentierens beteiligt, am Bewußtwerden. Dieses bringt die Informationen in das Bewußtsein, die lebensbezogen als Wissen (Informations-Systeme) das innere Argumentieren ermöglichen. (Damit ist auch bereits eine funktionale Definition des Bewußtseins gegeben: Bewußtsein ist ein Zustand, der inneres Argumentieren ermöglicht.)

Die Vorgehensweise der Körperlichkeit zum Zwecke des Bewußtwerdens von Informationen ist ein Verhaltensmuster, das sich dem bewußten Durchschauen weitgehend entzieht. Wie auf dem Bildschirm eines Computers erscheinen gespeicherte Informationen. Auf welche Weise das zustande kommt, bleibt verborgen, denn vom Bildschirm auf die inneren Prozesse zu schließen, das wird nur zu Vermutungen führen. Zwar kann eine Person mit Hilfe der Vernunft sich den Auftrag geben, gespeicherte Informationen aus dem eigenen Gedächtnis abzurufen, die Vernunft kann auch dafür sorgen, daß genügend Informationen gespeichert sind, die Vernunft kann des weiteren günstige Bedingungen schaffen, etwa solche, die der Konzentration entgegenkommen: die Verhaltensmuster der Körperlichkeit zu durchschauen ist der Person aber letztlich nicht möglich. (Über die Tätigkeit der nicht-bewußten Vernunft, deren Ergebnisse wir als plötzliche Einsichten in Problembedingungen und Problemlösungen wahrnehmen, läßt sich ebenfalls nichts Zuverlässiges schreiben.)

Wie die Körperlichkeit vorgeht, wenn sie speichert oder abruft, das bleibt dem Bewußtsein, hier: der Introspektion, unbekannt. Fehlleistungen der Körperlichkeit vermag die Vernunft daher nicht vollständig zu verhindern (vgl. Freud 1938), sie kann lediglich schlechter oder besser mit ihnen umgehen, daneben sie – über Lernen – wahrscheinlicher oder unwahrscheinlicher machen.

Das Bewußtmachen ist nur Approximation. Dies auch, weil der Mensch sich die Außen- und Innenwelt nicht als „Welt an sich" bewußtzumachen vermag, sondern nur existenzbezogen (Oeser und Seitelberger 1988). Das Bewußtmachen untersteht daher wie alles Erkennen dem existentiellen Relativismus. Das schränkt seine Zuverlässigkeit hinsichtlich allgemein gültiger Ergebnisse ein. Die Introspektion ist aus diesem Grunde, will sie sicherer gehen, auf Kommunikation angewiesen.

Die Sprache als eine Voraussetzung

Das innere Argumentieren geht mit innerem Sprechen einher. Die Sprache ist das universelle Werkzeug des Argumentierens (Sokolov 1972, Meichenbaum 1979).

Geschaffen wurde die Sprache durch das Grundbedürfnis der Körperlichkeit nach Existenzsicherung, dies aber in Wechselwirkung schließlich mit der Vernunft, die auch die Existenzerweiterung als Intention einbrachte (vgl. Searle 1987). Die Sprache ist daher ein ganzheitliches System aus den Eigenschaften und Aktivitäten von Vernunft und Körperlichkeit (s. Abb. 8), das die Innen- und Außenwelt des Menschen existenzbezogen in mitteilbaren Symbolen abbildet und sie damit zu nutzen und zu verändern ermöglicht.

Die Sprache kann Verhaltens- oder Handlungsmuster sein. Im Laufe der Entwicklung eines Menschen entfaltet sie sich, sie wird vom Verhaltensmuster des Kleinkindes zum bewußten Handlungsmuster des Erwachsenen. Als Mittel des inneren Argumentierens ist sie ein Handlungsmuster und somit ein erwünschtes, aufzubauendes Werkzeug des gemeinsamen guten Lebens.

Das innere Argumentieren als Verfahren

Verfahren sind Lösungsmuster, die Menschen anwenden, um Probleme zu bewältigen. Betrachten wir verfahrensbezogen das innere Argumentieren als Form, sprechen wir von Aktivitäten, betrachten wir es unter dem Aspekt seines Verlaufes, sprechen wir von Schritten der Approximation.

Der Mieter folgert (planende Aktivität) aus seinen Informationen (Bedürfnisse, Vorstellungen, Begriffe als Eigenschaften einer Kraft), daß ein Gespräch (Kommunikation als Form einer äußeren Aktivität) mit dem Vermieter erfolgversprechend ist. Das Gespräch soll zielorientiert verlaufen und schrittweise zum Abschluß eines Mietvertrages führen (Approximation mit Hilfe der sechs Schritte einer Handlung).

Aktivitäten des inneren Argumentierens

Erinnern wir uns vorweg: Die „Aktivitäten" nutzen oder schaffen die „Eigenschaften", die als Informationen zur Verfügung stehen, wenn es darum geht (und das ist unsere Perspektive), Probleme der eigenen Innenwelt oder der eigenen Außenwelt zu lösen. Aktivität und Eigenschaft bilden im realen Geschehen des Kräfte-Systems eine Ganzheit (Beispiel: Ich denke in Begriffen), die hier gedanklich aufgebrochen wird, indem wir uns auf die Aktivitäten als Formen im inneren Argumentieren konzentrieren.

Aktivitäten sind entweder Verhaltens- oder Handlungsmuster. Als Verhaltensmuster sind sie der Körperlichkeit zuzuordnen: das Wahrnehmen, Speichern, Sich-Erinnern. An Handlungsmustern sind dagegen Körperlichkeit wie Vernunft, ihren Funktionen entsprechend, ganzheitlich beteiligt, wenn auch die Vernunft die Handlungsmuster kennzeichnet: zum Beispiel durch ihre Fähigkeit zu verallgemeinern, zu abstrahieren. So bildet die Vernunft aus Wahrnehmungen, Vorstellungen und Empfindungen der Körperlichkeit die Begriffe. Diese sind also Denkinhalte, die das Allgemeine an den einzelnen Informationen erfassen, das Verwandte an miteinander verwandten Informationen.

Aufgrund bisheriger Erfahrungen (diese verallgemeinernd) wird der Mieter planen (schlußfolgernd), auch das Gespräch mit dem Hausbesitzer als Handlungsmuster zu entwickeln, und er wird deshalb durch inneres Argumentieren das argumentierende Gespräch vorbereiten (Argumente konstruierend, den problemlösenden Begriff „erfindend"). Sich allein darauf zu verlassen, als Person sympathisch zu wirken (ein grundsätzlich argumentfreies Verhaltens-Muster), sieht er als nicht ausreichend an.

Aktivitäten und Wirkungen der Körperlichkeit

Bewußtsein und Sprache zeigen, daß Körperlichkeit und Vernunft in das innere Argumentieren spezifische Leistungen einbringen, die ihnen aufgrund spezifischer Aktivitäten möglich sind. Obwohl das innere Handeln ein ganzheitlicher Prozeß ist, sind wir doch einigermaßen imstande, in dieser Ganzheit unterschiedliche Anteile von Vernunft und Körperlichkeit zu beschreiben:

Die Körperlichkeit, dies zeigt auch der Vergleich des Menschen mit Tieren (Birren 1981, Lamp 1984), hat wenig Bewußtsein. Sie wirkt durch Verhaltensmuster, die als Prozesse der Introspektion ja kaum zugänglich sind, und welche sich der Handelnde also nur als Ergebnisse bewußt machen kann: Wahrnehmen, Speichern, Sich-Erinnern. Das Lernen ist ein solches Verhaltens-System. Es geschieht nach festliegenden Mustern, die sich mit Hilfe von verhaltensgesetzlichen Modellen zusammenfassen, abbilden und vorhersagen lassen. Das Konditionieren als Verhaltensmodell des Lernens ist hier ein einsichtiges wie kennzeichnendes Beispiel. Es umfaßt als Aktivitäten das Wahrnehmen, das Speichern und das Abrufen, und dies als überwiegend unbewußte Prozesse, die zu auftauchenden Bedürfnissen, Gefühlen, Empfindungen und Vorstellungen führen oder mit ihnen einhergehen (vgl. Abb. 8).

Sehr wichtig für das innere Argumentieren ist die Erkenntnis, daß die Aktivitäten der Körperlichkeit intensiv auf ihr Grundziel ausgerichtet sind: sie dienen der eigenen Existenzsicherung, und ihre Ergebnisse, die Eigenschaften (Empfindungen, Vorstellungen, Gefühle, Bedürfnisse), sind daher entsprechend geprägt. Sie sind von den vornehmlichen Interessen des genetischen Materials gekennzeichnet: Erhaltung und Ausbreitung. Daß sexuelle Themen, als erstes wichtiges Beispiel, von der Körperlichkeit nicht immer situationsgerecht in das Bewußtsein eingebracht werden, und sie dann von der Vernunft realitätsverpflichtet bewältigt werden müssen, durch Verdrängung etwa (Freud 1938), ist eine einsichtige Folge.

Jeder Handelnde hat sich wieder und wieder mit dem eigenen Eigennutz zu beschäftigen, dies ist die zweite folgenschwere Wirkung der Körperlichkeit auf das innere Argumentieren. Sie verursacht das dialektische Verhältnis zwischen Gleichberechtigung und Eigennutz, was ja moralische Entscheidungen so schwierig macht.

Eine dritte Wirkung zeigt sich darin, daß die Körperlichkeit in das innere Argumentieren jene Handlungsbedürfnisse einbringt, die rezeptartig auf Bewährtes zurückgreifen und impulsiv auf ihre Anwendung drängen. Der Körperlichkeit fehlt sowohl das Bewußtsein für die Zukunft, für das zeitliche Aufschieben, wie auch die Offenheit der Vernunft. Sie ist am Jetzt orientiert (und an dem, was aus der Vergangenheit auf das Jetzt wirkt), wohingegen die Vernunft in die Zukunft sehen und Ziele wie Lebenskonzept bewußt planen kann.

Aktivitäten und Wirkungen der Vernunft

Die entwickelte Vernunft hat aus diesen Gründen die Informationen (Kräfte), welche die Körperlichkeit einbringt, zu prüfen: also die Empfindungen, Vorstellungen, Bedürfnisse und Gefühle. Die Vernunft vergleicht, verallgemeinert, schlußfolgert, und dies mit bewußten Aktivitäten und mit bewußten oder bewußtseinsfähigen Ergebnissen (Abb. 8): Aus den Bedürfnissen bildet sie ergänzend die Handlungsideen, aus den Gefühlen die Urteile, aus den Empfindungen und Vorstellungen die Begriffe (vgl. HEGEL 1812/1813).

Als reine Vernunft bringt die Vernunft für das innere Argumentieren auch selbst Informationen hervor. Sie vermag Ideen zu erfinden. Die Gleichberechtigung der Menschen als grundlegende moralische Idee ist der exemplarische Fall: KANT (1785) entwickelte den Kategorischen Imperativ durch reines, erfahrungsfreies Argumentieren.

Die Vernunft ist aber der Körperlichkeit keineswegs immer existentiell überlegen. Die Vernunft vermag aufgrund ihrer Freiheit im Erfinden auch existenzgefährdende Inhalte in das innere Argumentieren einzubringen: Der Mut des aufgrund einer Idee Rebellierenden wird durch die Angst seiner Körperlichkeit um ihr Leben gedämpft.

Körperlichkeit und Vernunft als existentielle Einheit

Es darf also nicht behauptet werden, daß es immer besser ist, unbesehen der Vernunft zu folgen, eine Idee beispielsweise in jedem Falle gegen Bedürfnisse durchzusetzen. Die Orientierung der Körperlichkeit am stammes- oder lebensgeschichtlich Bewährten kann im Einzelfall lebensdienlicher sein. Für den Menschen sind auch seine Reflexe wichtig. Allerdings: Generell vermag es die Vernunft am verläßlichsten, Wirkungen vorherzusehen. Also nicht: Folge der Körperlichkeit, deinen Bedürfnissen! sollte die Regel bei schwieriger Bewußtseinslage lauten, sondern: Prüfe mehrfach, argumentiere gelassen, unaufgeregt, schiebe noch unklare Entscheidungen hinaus, beschaffe dir weitere Informationen! Und zum anderen: Die Körperlichkeit kann in ihrer Existenzangst so dominieren, daß sie die Vernunft, die den Ausweg erkennen könnte, behindert, ja blockiert. Gerade in kritischen Situationen ist es daher unumgänglich, bewußt zu prüfen, ob man selbst noch ein Handlungs-System ist. Die Fähigkeit zur Selbst-Rekonstruktion durch inneres Argumentieren ist eine notwendige Kompetenz des Handlungsfähigen.

Modell der Existentiellen Selbstberatung

Als Prozeß gliedert sich eine problemlösende Handlung in sechs Schritte. Geht es um inneres Argumentieren, das äußeres Handeln vorbereiten, begleiten und bewerten soll, können von jeder Handlung vier Schritte generell dem inneren Argumentieren zugeordnet werden: Zielfindung, Analyse, Planung und Evaluation. Organisation und Realisierung dagegen, insofern der Handelnde durch sie Kräfte-Systeme in seiner Umwelt umgruppiert und verwirklicht, seinen Plan also realisiert, gehören zum äußeren Handeln. Im hier vorgestellten und erörterten Modell der Selbstberatung sind daher die vier Schritte des inneren Argumentierens grundlegend.

Um Probleme zu lösen, prüfen wir unsere Handlungsmöglichkeiten, wir beraten uns selbst oder besprechen uns mit Ratgebern. Wir argumentieren im inneren oder im äußeren Handeln. Zwei Modelle sind hierbei von Hilfe: Das Modell der existentiell argumentierenden Kommunikation (Kap. 7) und das Modell der existentiell argumentierenden Selbstberatung, das als Teil (Sub-System) des inneren Argumentierens hier vorgestellt wird:

Die Maximen als Verhaltens- oder als Handlungsmuster

Eine Person darf sich als Handlungs-System ansehen, wenn sie ihr Verhalten prüft. Handeln ist geprüftes Verhalten. Auf Probleme aber reagieren Menschen häufig spontan, da sie im Innern die Aufforderung spüren, sofort zu antworten, also ungeprüft sich zu verhalten. Diese Aufforderung nennt KANT (1785, vgl. seine Formulierung des Kategorischen Imperativs) eine Maxime.

Als spontane Aufforderung kann die Maxime das Ergebnis evolutionär vorgeprägter Muster oder das Ergebnis gespeicherter individueller Erfahrungen sein, an deren Verarbeitung zu einem Reaktionsmuster sowohl Körperlichkeit wie Vernunft beteiligt waren. Nun ist jede Situation anders. Die neue Situation kann in einem häufig nicht sofort erkennbaren Merkmal so verschieden sein, daß die Problemlösung allein mit Hilfe eines veränderten Musters gelingen wird. Die spontane Maxime hat dann problembezogen lediglich die Qualität eines Verhaltensmusters, und aus der spontanen Maxime sollte deshalb eine geprüfte, gegebenenfalls umkonstruierte Maxime, aus einem Verhaltensmuster so ein Handlungsmuster werden.

Bei umfassenden Problemen bilden sich, wenn für Prüfung und Planung ein hinreichender Zeitraum zur Verfügung steht, komplexere Maximen. Es ist lebenstechnisch günstig, wenn diese aus einer Leitmaxime bestehen, die auf das Ziel, das man zu erreichen hofft, direkt ausgerichtet ist, und gleichzeitig aus einer Alternative, also aus einer inhaltlich nahe verwandten Maxime, die beim Scheitern der Leitmaxime immer noch erreichbar erscheint. Leitmaxime und Alternativ-Maxime bilden zusammen die Gesamtmaxime.

Die Selbstberatung ist unter diesem Gesichtspunkt als ein Verfahren zu bezeichnen, die möglicherweise vorschnell entstandenen spontanen Maximen mit Hilfe bewußten inneren Argumentierens zu untersuchen, zu bewerten und mutuell zu verbessern.

Die Selbstberatung als Handlungskompetenz

Aufgrund der obigen Überlegungen kommt dem Modell der Selbstberatung die Aufgabe zu, theoriegestützte Hilfen zu geben, um Probleme bewußter, gerechtfertigter und selbständiger lösen zu können. Als Werkzeug ist es Teil des mutuellen inneren Handelns, es ist aus seinen Strukturen abgeleitet. Für die Anwendung des Modells im privaten oder beruflichen Alltag gilt daher eine wesentliche Voraussetzung: Eine Person ist nur dann in der Lage, sich selbst lebensgerecht zu beraten, wenn sie in dieser Situation ein Handlungs-System ist. Sie muß gerechtfertigten Argumenten zugänglich sein, denn die Existentielle Selbstberatung ist inneres Argumentieren.

Diese Zugänglichkeit setzt bei der Selbstberatung neben der moralischen Seite auch voraus, entsprechendes Problemwissen, Existenzwissen zu besitzen, „lebenstechnisch" kompetent zu sein. In Berufsfeldern ist dies die Aufgabe professioneller Ausbildung zum theoriegestützten beruflichen Handeln.

Strukturkonzept der Selbstberatung

Die Selbstberatung ist eine Kompetenz, die auf den drei Ebenen des Handelns von gleicher Wichtigkeit für die Planung und Realisierung ist, ob es um Interaktionen zwischen Personen, um Institutionen oder um gesellschaftliche Probleme geht. Vor allem aus Gründen der Anschaulichkeit beschränken sich die Beispiele aber auch weiterhin in ihrem Schwerpunkt auf die Ebene der Interaktionen:

Vieles im Leben ist Routine, manche Situation aber so kritisch, daß wir sehr bewußt unsere Kräfte einsetzen müssen, wenn wir sie meistern wollen: Die Mutter bereitet das Frühstück wie jeden Tag, aber heute erscheint die Tochter nicht bei Tisch, sondern hat sich in ihrem Zimmer eingeschlossen und gibt auf spontanes Rufen wie Klopfen keine Antwort. „Was soll ich tun?" fragt sich die Mutter, „sie muß doch zur Schule!"

Und: Nicht nur solche Probleme der Existenzsicherung brechen die Routine auf, es können auch existenzerweiternde Wünsche sein: „Meine Tochter, auf die ich mein Leben so weitgehend ausgerichtet habe, wird immer selbständiger. Sie beginnt sich abzulösen. Sollte nicht auch ich mir neue Bekannte und Freunde suchen, vielleicht wieder in meinen Beruf zurückkehren?" Probleme wie Wünsche erfordern innezuhalten und nachzudenken, mit sich selbst zu Rate zu gehen.

Alles was bisher über das Existentielle Handeln gesagt wurde, zeigt sich beim Versuch, ein Problem zu bewältigen, als wichtig.

Ganz allgemein, als Basis für Problemlösungen durch Nachdenken, also auch als Basis für die Selbstberatung, haben wir uns (im Beispiel gilt dies für die Mutter) an folgender, hier zusammenfassend dargestellten Struktur zu orientieren:

- Ein Problem ist als Kräfte-System zu interpretieren.
- Dieses Kräfte-System entsteht durch das Zusammentreffen von Lebensstrukturen und Lebenskonzepten in einer Welt der beschränkten Ressourcen.
- Die Kräfte sind durch ihre Funktionen für die beteiligten Lebenskonzepte zu bestimmen (zielorientiert analysierend) und über ihre Funktionen für das gemeinsame gute Leben zu bewerten (zielorientiert prüfend und planend). Auf diese Weise zeigen sich die Ziele der Problembeteiligten und die zielbezogenen Bedingungen.
- Bedingungen verhalten sich zum Ziel additiv oder dialektisch, sie sind Mittel oder Hemmnisse. Mittel sind bewußt zu nutzen, Hemmnisse zu schwächen oder zu umgehen.
- Bedingungen sind des weiteren eher durch Notwendigkeit oder eher durch Freiheit gekennzeichnet, also eher festliegend oder eher veränderbar, eher hart oder eher weich. Diese Hierarchie ist wichtig, da wir Bedingungen als mächtig oder schwach bei der Problemlösung zu berücksichtigen haben, besonders, wenn wir entscheiden, wo bei der Problemlösung anzusetzen ist. (David-Goliath-Prinzip: Konzentriere deine Kräfte und die additiven Kräfte der Umwelt auf die Schwäche des Problems, auf seine weichen dialektischen Kräfte. Je wichtiger diese veränderbaren Kräfte sind, um so größer ist die Chance, das Problem zu bewältigen.)
- Bedingungen lassen sich gedanklich als Inhalt oder als Form betrachten. Die Inhalte (die Lebensstruktur nennt die wichtigsten Inhalte) bilden die Bausteine der Problemlösung: *Was* dient der Problemlösung? Die Formen sind die Werkzeuge (Selbstberatung, Kommunizieren und Produzieren sind die grundlegenden Werkzeuge): *Wie* ist bei der Problemlösung vorzugehen?
- Der Prozeß der Problemlösung verläuft in sechs Schritten (ZAPORE), wobei in jedem Schritt dieser Approximation spezifische Inhalte und Formen als Kräfte zur Wirkung gebracht werden.

– Durchgängig gilt: Ziele und Bedingungen sind lebenstechnisch mittels Erfahrungswissen, moralisch mit Hilfe der beiden Prüfsteine „Gleichberechtigung“ und „Existenzsicherung“ zu beurteilen.

Verlaufskonzept der Selbstberatung

Die Existentielle Selbstberatung ist ein Sub-System des inneren Argumentierens. Die Verlaufsstrukturen beider Systeme sind daher gleich. Als Selbstberatung ist sie folglich ein Kräfte-System aus Aktivitäten, die – in vier Schritten organisiert – als Prozesse verlaufen. Informationen (Eigenschaften) bilden dabei die Inhalte der Prozesse. Diese Informationen, die als System „Wissen“ heißen, werden durch die Aktivitäten geschaffen oder von diesen als Werkzeuge (als Bedingungen, als Mittel ihrer Wirkung) genutzt.

Abbildung 9 verknüpft miteinander die Schritte, Aktivitäten und Eigenschaften (die im inneren Argumentieren aus Informationen bestehen). Sie werden so Momente eines problemlösenden Kräfte-Systems. Die Abbildung gibt damit die Gesamtstruktur der Existentiellen Selbstberatung wider, das Strukturkonzept und das Verlaufskonzept integrierend.

Die vier Schritte des inneren Argumentierens stellen die Verlaufsstruktur. Daher ist jeder Schritt, wie bei der Erörterung des inneren Argumentierens belegt, durch besondere Aktivitäten und Eigenschaften gekennzeichnet. Dies belegt Abbildung 9, wenn wir sie mit dem Beispiel vergleichen:

Als die Mutter das auffällige, beunruhigende Verhalten ihrer Tochter wahrnimmt, spürt sie zunächst das Bedürfnis, die Tür mit einem Zweitschlüssel zu öffnen. Doch die Idee, sich damit etwas zu vergeben, hindert sie daran, dieser spontanen Maxime zu folgen (1. Schritt: Zielfindung). Sie beginnt nachzudenken, analysiert und bewertet ihre Empfindungen und Vorstellungen, auch die der Tochter versucht sie zu verstehen (2. Schritt: Analyse). Sie kommt zu dem Plan: Ich gehe jetzt einkaufen. Meine Tochter will ja selbständig sein, also soll sie selbst entscheiden, ob sie heute in die Schule geht oder nicht. Zudem: Ein verlorener Tag wird kein übergroßer Schaden sein. Wenn ich zurückkomme, ist sie entweder zur Schule oder aber einem Gespräch über ihr Verhalten zugänglich (3. Schritt: Planung).

Ein solcher Plan begreift die Merkmale und Möglichkeiten der

	ZIELFINDUNG	ANALYSE	PLANUNG	ORGANI-SATION	REALI-SIERUNG	EVALUAT.
				-äußeres Handeln-		
	1.	2.	3.	(4.)	(5.)	6.
EIGEN-SCHAFTEN	Ideen Bedürfnisse	Empfin-dungen Vorstel-lungen	Begriffe	-	-	Urteile Gefühle
AKTIVI-TÄTEN	Wahrnehmen Erfinden	Bewußt-werden Bewerten	Schluß-folgern Speichern	-	-	Prüfen

Abb. 9: Struktur der Existentiellen Selbstberatung. – Eigenschaften und Aktivitäten (der Vernunft und der Körperlichkeit) bilden die charakteristischen Kräfte im inneren Argumentieren, also auch im Modell der Existentiellen Selbstberatung. – Eigenschaften und Aktivitäten sind, werden die Schwerpunkte ihres Auftretens und ihrer Wirkung zum Maß genommen, den vier Schritten des inneren Handelns zuzuordnen.

Situation besser als eine spontane Maxime, denn er enthält allgemeines Wissen (Begriff der Selbständigkeit) wie auch das dem besonderen Fall entsprechende Wissen (besondere, individuelle Merkmale der Tochter: Empfindungen, Vorstellungen). Da diese am Allgemeinen gemessen sind, sind Begriffe für bewußte Pläne kennzeichnend. Ein Plan ist als Ergebnis der Selbstberatung eher ein begriffsgeleitetes Handlungs-Muster als ein durch Empfindungen bestimmes Verhaltensmuster.

Im Beispiel folgen auf den Plan organisatorische und realisierende Handlungen (Schritte 4 und 5). Später wird sich die Mutter ein Urteil bilden können, ob der Plan tatsächlich existentiell gerechtfertigt war (6. Schritt: Evaluation).

Um das Beispiel nicht zu überladen, wird darauf verzichtet, das kräftebezogene Strukturkonzept zur Klärung heranzuziehen. Selbstverständlich leitet dieses aber in der Realität die Selbstberatung der Mutter: Sie interpretiert das Problem als Kräfte-System, welches durch das Zusammentreffen von Lebensstrukturen und Lebenskonzepten in einer Welt der beschränkten Ressourcen bewirkt wird. Das spätere Gespräch mit der Tochter wird diese Sichtweise bestätigen (weil diese Perspektive ja alle Bedingungen der

Lebensstruktur als potentielle Kräfte berücksichtigt), indem es offenbart, daß der Schulfreund, wegen eines anderen Mädchens, sich plötzlich von ihrer Tochter abgewandt hat.

Handlungsschritte und Regeln der Selbstberatung

Strukturkonzept und Verlaufskonzept bilden in einer tatsächlichen Selbstberatung eine Einheit, doch zeigen sich im Verlauf des Prozesses der Problemlösung auch Akzentuierungen, die bewirken, daß in einem bestimmten Handlungsschritt einige Eigenschaften und Aktivitäten größere Bedeutung haben als andere, aufgrund ihrer existentiellen Funktionen nämlich. Bei der Evaluation sind Urteil und Gefühle funktionsgerecht, weniger dagegen Vorstellungen und Empfindungen, die hingegen im Schritt der Analyse im Mittelpunkt stehen. (Die Feinstruktur der Selbstberatung, auf die wir weiter unten eingehen, wird belegen, wie sehr wir hier aus Gründen der Verständlichkeit vereinfachen müssen.)

Diese Schwerpunktbildung in der Einheit aus Strukturkonzept und Verlaufskonzept läßt sich durch Regeln, die den einzelnen Schritten zugeordnet werden, konkretisieren und handhabbar machen:

Regeln sind Normen, technischer oder moralischer Art. Moralische Normen werden durch die Prüfsteine mutuellen Handelns gesetzt, durch Gleichberechtigung und Existenzsicherung. Diese sind bei jedem unklaren Handlungselement anzulegen, bei jeder zu bewertenden Aktivität oder Information (Eigenschaft). Sie sind somit durchgängige Prinzipien, übergreifende Regeln. Technische Normen dagegen sind von der Qualität der Inhalte der Beratung abhängig. Es kommt darauf an, welche Substanzen (Kräfte) von den Informationen abgebildet werden: anorganische, organische oder vernunftbestimmte, also geistige (s. Abb. 3). Was technisch machbar ist, wird je nach Art der Kräfte durch Naturgesetze, Verhaltensgesetze und Gesetze der praktischen oder freien Vernunft bestimmt (Beispiele: Die Statik einer Brücke, die Logik im Schlußfolgern).

Eigenschaften und Aktivitäten von Kräften sind im Ansatz „Existentielles Handeln" von Anfang an mit Hilfe ihrer Funktion für das gute Leben bestimmt worden. Im Folgenden beginnt daher jeder Schritt mit einem Rückbesinnen auf seine Funktion innerhalb der Ganzheit aus Strukturkonzept und Verlaufskonzept der Selbstberatung, um auf diese Weise die zugehörigen Regeln einsichtig zu machen.

1. Handlungsschritt: Zielfindung

Funktion: Die Aufgabe dieses Schrittes besteht darin, das Problem wahrzunehmen, seine Zielaspekte zu erkennen und eine vorläufige Gesamtmaxime aus Leitmaxime und Alternative zu finden. Wahrnehmen des Problems und erstes Ausdenken von Zielen stehen als Aktivitäten im Mittelpunkt, Ideen und Bedürfnisse sind kennzeichnende Eigenschaften.

Es ist generell nicht davon auszugehen, einer Person stehe ihr Lebenskonzept jederzeit als klar umrissenes Ziel-System abrufbar zur Verfügung. Daher hat der Handelnde, auf das spezielle Problem bezogen, sich seine mittel- und langfristigen Ziele sowie die zielbezogenen Bedingungen seiner Lebensstruktur weitgehend erst einmal bewußt zu machen, um dann im Verlaufe der Arbeit am Problem jederzeit darauf zurückgreifen zu können. Aus diesem Grunde haben Lebenskonzept (s. Kap. 4) und Lebensstruktur (s. Kap. 3) den gesamten Verlauf der Problemlösung gedanklich zu begleiten.

Die Prüfung der einzelnen spontanen Maximen erbringt einen Überblick über die Handlungsmöglichkeiten, aber im allgemeinen noch keine konzeptuelle Klarheit über eine erfolgversprechende Problemlösung (also noch keinen Begriff oder Plan). Es stellt sich daher die Aufgabe, die Integration der gerechtfertigten Maximen in eine Leitmaxime zu leisten. Dies soll ermöglichen, eine erste Position zu dem Problem zu beziehen, von der dann die weiterführenden Schritte ausgehen.

Inneres Argumentieren hat das mögliche Scheitern im äußeren Handeln einzubeziehen, wobei der Mißerfolg nicht auf eigenen Fehlern in der Selbstberatung beruhen muß. Viele Kräfte wirken dort, die weder vorhersehbar noch völlig ausgeschaltet werden können. Daher ist es ratsam, von Anfang an in die Überlegungen eine Alternative zur Leitmaxime für den Fall ihres Scheiterns aufzunehmen. Diese sollte – wie bereits dargelegt – mehr vom eigenen mutuellen Handeln abhängig sein als vom Verhalten anderer, aber auch mit der Leitmaxime möglichst viel gemeinsam haben. Leitmaxime und Alternativ-Maxime sind ja zwei Sub-Systeme einer Gesamtmaxime.

Regeln der Zielfindung:
- Ordnen Sie das Problem ein in den Gesamtzusammenhang ihrer Lebensstruktur.
- Bewerten Sie das Problem hinsichtlich seiner Bedeutung für Ihr Lebenskonzept.
- Folgen Sie nicht der spontanen Maxime, bewerten und verändern Sie Ihre Bedürfnisse und erste Ideen.
- Integrieren Sie die geprüften Maximen in einer vorläufigen Gesamtmaxime.
- Bestimmen Sie die Leitmaxime und ihre Alternative.
- Die Alternative sollte möglichst viele Eigenschaften und Aktivitäten mit der Leitmaxime gemeinsam haben.

2. Handlungsschritt: Analyse

Funktion: Erkennen der günstigen und ungünstigen Bedingungen hinsichtlich der Realisierung der Gesamtmaxime. Die Analyse der Bedingungen ist gekennzeichnet durch das Bewußtwerden der zielrelevanten Kräfte (durch Wahrnehmen und Sich-Erinnern) sowie durch ihre Bewertung. Empfindungen und Vorstellungen, aber auch erste Begriffe bilden den hauptsächlichen Inhalt des Prozesses. Durch das Analysieren soll sich dieser Inhalt den problemlösenden Begriffen der Planung (3. Schritt) annähern.

Mit Hilfe der Lebensstruktur werden jene Kräfte bestimmt, die für die Realisierung der Gesamtmaxime von wahrscheinlich fördernder oder hemmender Bedeutung sind.

Andere Menschen stellen häufig die wichtigsten Bedingungen. Stehen sie der Problemlösung entgegen, kann es nicht dabei bleiben, sich nur im eigenen inneren Handeln um Klärung zu bemühen (ist der Widerstand berechtigt oder nicht?), sondern es ist notwendig, in äußeres Handeln zu wechseln, zu kommunizieren: durch Gespräche, Befragungen, Beobachtungen. Allerdings ist, auf dem Hintergrund des Prinzips Eigennutz, davon auszugehen, daß andere Personen im gemeinsamen Argumentieren ihre Motive nur unzureichend offenlegen.

Hier nachzuforschen ist im allgemeinen weniger hilfreich als vorweg grundsätzlich den Eigennutz als vornehmlich wirkende Kraft einzubeziehen, aber auf mutuell gerechtfertigte Lösungen hinzuwirken. Auf den Eigennutz zu vertrauen, ist positiver als einer behaupteten Orientierung am Gemeinwohl zu mißtrauen. Eine solche Perspektive und Deutung bringt existentiell das geringste Risiko mit sich, ohne damit auszuschließen, daß im wahrgenommenen Verhalten auch das Bemühen um Gleichberechtigung leitend ist, dies wird sich ja im Verlaufe der Problemlösung zeigen.

Eine Kraft zeigt sich in der Wirkung. Ist daher die Äußerung und die Wirkung einer anderen Person auf die eigene Gesamtmaxime positiv, ist dies als hinreichend zu akzeptieren.

Regeln der Analyse:

- Interpretieren Sie Ihre Lebensstruktur unter dem Gesichtspunkt der erkannten Ziele, also als ein Gefüge aus Bedingungen der Zielerreichung.
- Bewerten Sie die Bedingungen als zielfördernd oder -hemmend.
- Deuten Sie alle von Menschen ausgehenden Kräfte primär mit Hilfe des Prinzips Eigennutz.
- Trennen Sie in veränderbare und unveränderliche Kräfte.
- Suchen Sie nach zieldienlichen Bausteinen und Werkzeugen.

3. Handlungsschritt: Planung

Funktion: Die Planung nutzt die bisherigen Erkenntnisse, um sie der konkreten Problemlösung zugrunde zu legen. Die durch Zielfindung und Analyse erkannten Kräfte werden als Begriffe zusammengefaßt, gebündelt. Schlußfolgern und Speichern sind charakteristische Aktivitäten.

Bei der Planung sind Strukturplanung und Verlaufsplanung zu unterscheiden. Die Strukturplanung nutzt die Ergebnisse aus den vorhergehenden Handlungsschritten, entwickelt Problemlösendes und ordnet die problemlösenden Eigenschaften und Aktivitäten schlußfolgernd einander zu, wobei zieldienliche Gesetze (lebenstechnisches Wissen) und Normen (moralisches Wissen) angewendet werden. Ergebnis der Strukturplanung ist eine gedanklich überprüfte und entwickelte detaillierte Gesamtmaxime, die nicht nur die Ziele umfaßt, sondern alle Bedingungen der Zielerreichung in ein System einbringt, das schließlich gedächtnisgerecht gespeichert wird (Niederschriften sind, bei komplexen Gesamtmaximen, hier besonders angebracht).

Die Strukturplanung geht auf die Aufeinanderfolge der Handlungen noch nicht explizit ein, doch ergibt sich die Verlaufsplanung häufig wie von selbst, zumindest in ihren ersten Schritten. Generell ist es zweckmäßig, nicht den gesamten Verlauf der entworfenen Problemlösung (des Strukturplans) in allen Schritten festzuschreiben, sondern nur die jeweils folgenden, überschaubaren. Im Laufe der Problemlösung ändert sich der Informationsstand, manchmal in wesentlichen Elementen, einmal stetig anwachsend (additive Prozesse), einmal sprunghaft die Qualität ändernd (dialektische Prozesse). Flexibilität in der Strukturplanung und in der Verlaufsplanung erhöht daher die Erfolgswahrscheinlichkeit, insbesondere wenn die Realisierung von anderen Menschen abhängt, also entweder von einer durch Freiheit charakterisierten eigennützigen Intelligenz oder von einer lebenstechnisch wie moralisch gerechtfertigt handelnden Vernunft, welche die Grenzen ihrer Freiheit akzeptiert.

Regeln der Planung:

- Bedenken Sie: Ziele können im allgemeinen durch verschiedene Mittel, auf unterschiedlichen Wegen erreicht werden.
- Trennen Sie schöpferisches Argumentieren vom kritisch prüfenden, da Kritik die Phantasie behindert. Zuerst Lösungen erfinden, dann erst prüfen.
- Passen Sie ihre vorläufige Gesamtmaxime den unveränderlichen Kräften an.
- Entscheiden Sie sich schließlich für eine erfolgversprechende Gesamtmaxime, die aus Leitmaxime und Alternative besteht.
- Legen Sie Ihren Entscheidungen auch Nutzen-Kosten-Vergleiche zugrunde.
- Konzentrieren Sie ihren Handlungsentwurf auf die schwachen dialektischen und auf die starken additiven Kräfte (David-Goliath-Prinzip).
- Bringen Sie alle Elemente der Approximation (Eigenschaften und Aktivitäten) in eine zieldienliche Abfolge.
- Planen Sie nur die jeweils nächsten Schritte detailliert.
- Bleiben Sie offen für notwendige Änderungen.

4. und 5. Handlungsschritt: Organisation/Realisierung

Funktion: Zunächst (4. Handlungsschritt) erfolgt die Vorbereitung der Realisierung der Gesamtmaxime, indem durch Kommunizieren oder Produzieren günstige Startbedingungen bewirkt werden (Organisation). Dann (5. Handlungsschritt): Verwirklichung der Gesamtmaxime, ebenfalls durch Kommunikation oder Produktion (Realisierung).

Beide Schritte sind also als äußeres Handeln zu charakterisieren und gehören daher nicht unmittelbar zur Selbstberatung. (In den Kapiteln 7 und 8 werden Kommunikation und Produktion erörtert sowie in Modellen als Mittel des äußeren Handelns bei der Realisierung guten Lebens dargestellt.)

6. Handlungsschritt: Evaluation

Funktion: Prüfen, ob das Bewirkte mutuell gerechtfertigt ist, im Vergleich zur Leitmaxime oder zur Alternative, um es gegebenenfalls durch eine neue Gesamtmaxime zu verändern oder auszubauen.

Nach Abschluß der Realisierungshandlungen erfolgt die Evaluation des Erreichten. Der Handelnde bildet sich ein Urteil, Gefühle begleiten es (Informationen von Vernunft und Körperlichkeit als Eigenschaften). Das Prüfen ist die kennzeichnende Aktivität in diesem Schritt.

Ein neuer Iststand wird wahrgenommen und bewertet, die Arbeit am Problem von Anfang bis Ende überblickt. Die Sicherung des Erreichten oder sein Ausbau stellen sich als Aufgaben, aber unter Umständen sind auch neue Versuche notwendig, die gesetzten Ziele zu erreichen. Dann ist zu überlegen, ob nicht andere Bausteine oder andere Aktivitäten eine bessere Lösung wahrscheinlicher machen. Erst wenn sowohl Leitmaxime als auch Alternative als gescheitert zu beurteilen sind, sind die Ziele zu ändern. Dies ist die Aufgabe einer neuen Selbstberatung.

Jede Problemlösung ist Teil im Lebensstrom des einzelnen Menschen, ist ein Element seiner fließenden Lebenswelt und Lebensstruktur. Erfolgreiche Approximationen bilden daher nicht nur Endpunkte, sondern auch Ausgangspunkte neuer Ziele und Approximationen.

Regeln der Evaluation:

- Bestimmen Sie durch Vergleichen mit der angestrebten Gesamtmaxime die Defizite.
- Bilden Sie ein argumentbegründetes Urteil über das Erreichte.
- Ändern Sie Ihre Ziele erst, nachdem sie zunächst versucht haben, die Mittel und Bedingungen der Approximation zu ändern.
- Beeinflussen Sie ihre Gefühle durch die Erkenntnis, daß unvollkommene Lösungen (Approximationen) zu erwarten waren.

– Speichern Sie die Erfahrungen bewußt als Elemente Ihres Handlungspotentials.

Feinstruktur der Selbstberatung

Bei einfachen Problemen kommen wir im allgemeinen mit den sechs Handlungsschritten aus. Dagegen erweist es sich in existentiell gravierenden Situationen oder bei wichtigen Vorhaben häufig als notwendig, differenzierter zu planen. Es ist dann der Fein- und Feinststruktur zu folgen, die im Kapitel 5 (ZAPORE) begründet und vorgestellt wurde.

Die Feinstruktur eines Handlungsschrittes erklärt, warum wir bei der Zuordnung von Eigenschaften (Beispiel: die Planung ist durch Begriffe gekennzeichnet, die Zielfindung eher durch Bedürfnisse und Ideen, s. Abb. 9) so grob vereinfachen müssen. Der Plan ist nicht nur eine Ganzheit aus den Eigenschaften von Vernunft und Körperlichkeit, charakterisiert durch Begriffe, sondern es gilt gleichzeitig: Weil die Planung eine Handlung ist, also auch eine Zielfindung beinhaltet, arbeitet sie nicht nur mit Begriffen, sondern auch mit Ideen und Bedürfnissen. Jedoch, wie eingangs geschrieben: Menschen können ihre komplizierte Welt nur schrittweise erklären und auch nur schrittweise verstehen. Die realitätsgerechte Ganzheit wird sich folglich erst hinreichend zeigen, wenn der gesamte Ansatz dargelegt ist.

7. Argumentierendes Kommunizieren

Inneres und äußeres Handeln stehen in Wechselwirkung: Äußeres Handeln bewirkt inneres Handeln, und inneres Handeln bewirkt, entwirft das äußere Handeln.

Äußeres Handeln geschieht als Produzieren oder als Kommunizieren. Da wir uns in diesem Kapitel mit dem Kommunizieren befassen, geht es hier existenzbezogen um die Frage: Wie kann durch Kommunizieren das gemeinsame gute Leben wahrscheinlicher werden?

Kommunizieren hat die Funktion, Informationen zu übermitteln oder zu empfangen – die Inhalte des inneren Handelns also mitzuteilen und dadurch die Inhalte fremden Handelns oder Verhaltens zu beeinflussen. Aufgrund der Wechselwirkungen innerhalb der Person des Adressaten folgt daraus nicht nur seine Veränderung als Wissens-System. Es bauen sich auch Beziehungen auf: So zeigt das Kleinkind nicht nur, daß es Hunger hat, und bewirkt dadurch Reaktionen der Mutter, es gewinnt existenzsichernde Macht über sie – auch darin besteht die Funktion der Kommunikation. Für die Liebe zwischen Menschen gilt Analoges: zunächst vor allem durch Kommunikation entstanden, bringt sie das Problem der Macht, der Unter- oder Überordnung mit sich.

Da die Informationen ein Problem lösen sollen, und das gemeinsame gute Leben das umfassende Problem ist, besteht die sach- und menschengerechte Vorgehensweise darin, wie bereits wiederholt dargelegt, Informationen als Argumente zu äußern: als durch Natur- oder Verhaltensgesetze sowie moralische Normen gestütztes Wissen, das regelgeleitet mitgeteilt wird. Der Adressat versteht dadurch nicht nur den Inhalt des Gesagten, sondern hat auch eher eine faire Chance, sich über die Beziehungsfolgen klar zu werden. Die argumentierende Kommunikation ist daher die grundsätzlich beste Kommunikation, auch wenn sie, etwa zwischen Kleinkind und Bezugsperson, den Menschen nicht immer möglich ist.

„Hier lese ich: Medizinische Experimente beweisen, daß Rauchen gesundheitliche Risiken mit sich bringt", informiert eine Mutter ihre Tochter.

Sie argumentiert, wobei sie wissenschaftliche Erkenntnisse heranzieht und die Gleichberechtigung als moralische Norm implizit zugrunde legt.

„Großvater raucht doch auch, und er ist gerade achtzig geworden", entgegnet die Tochter.

Auch die Tochter argumentiert. Allerdings stützen sich ihre Argumente lediglich auf die Beobachtung eines Einzelfalls. Daher sind sie weniger überprüft und in der Sache wahrscheinlich unterlegen. Trotzdem ist bei dieser Gelegenheit in Erinnerung zu rufen, daß wir Argumentieren umfassend definiert haben: Alles, was infolge inneren Handelns regelgeleitet (handelnd) geäußert wird: wissenschaftsgestützte Informationen wie erfahrungsgestützte Meinungen und Überzeugungen, nennen wir Argumente.

Argumente können aus allen Bereichen der Lebensstruktur stammen. Erst das konkrete Problem bestimmt, welche Informationen (Eigenschaften, Inhalte) jeweils von Bedeutung sind und welche nicht. Was daher für das innere Argumentieren gesagt wurde, gilt auch für das äußere Argumentieren: Als Modell wird es nur dann bei allen durch argumentierendes Kommunizieren lösbaren Problemen von Hilfe sein, wenn es sich darauf beschränkt, ein System aus Verfahren, also aus Aktivitäten und deren Werkzeugen zu bilden.

Struktur argumentierender Kommunikation

Kommunizieren Personen mit Hilfe von Argumenten, hat dies die Funktion, eigene Argumente regelgeleitet mitzuteilen sowie die vom Kommunikationspartner empfangenen „fremden" Argumente zu überprüfen, also regelgeleitet zu verarbeiten. Beim Entstehen des eigenen Argumentes (durch inneres Argumentieren) und bei der Verarbeitung eines fremden Argumentes (ebenfalls durch inneres Argumentieren) liegt die gleiche Verfahrensstruktur vor. Es wirken daher bei Sender und Empfänger die gleichen Aktivitäten in nur einer Ordnung. Das innere Argumentieren von Personen ist aus diesem Grunde durch Kommunizieren miteinander verknüpfbar,

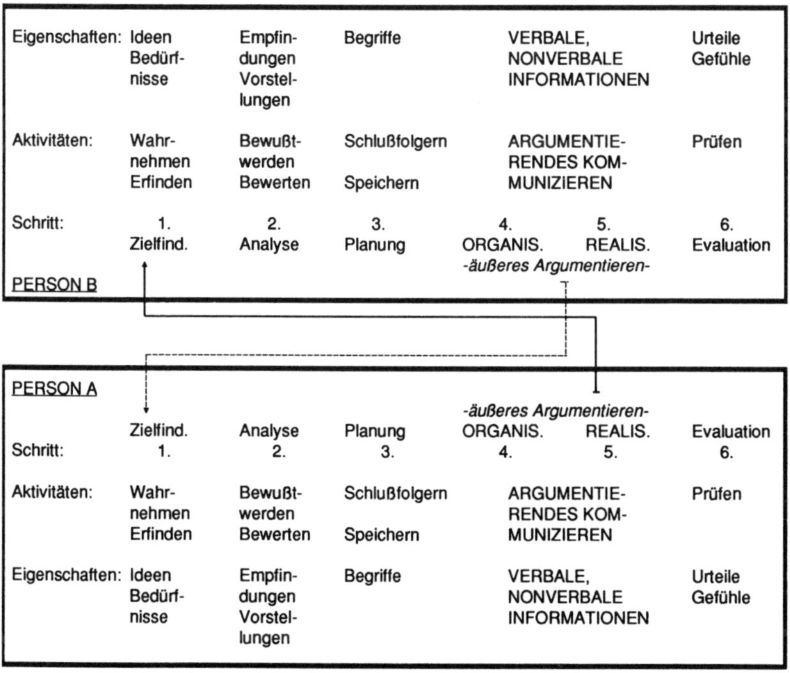

Abb. 10: Kommunikation als Wechselwirkung zwischen Personen. – Durch inneres Argumentieren entwickelt Person A ein Argument, das sie für Person B äußert. Person B empfängt das Argument als Zielimpuls, verarbeitet es durch inneres Argumentieren und äußert selbst ein (problembezogen) weiterführendes Argument.

und diese Verknüpfung des inneren Argumentierens zweier Personen A und B (oder mehrerer Personen) geschieht durch äußeres Argumentieren, also durch die Schritte vier und fünf des Handlungsverlaufes (Abb. 10).

Da auf diese Weise der Kommunikation inneres Argumentieren zugrunde liegt, sprechen wir von „argumentierender Kommunikation“. Durch sie werden also, zum Zwecke einer Problemlösung, geprüfte Informationen in verbaler oder nonverbaler Form übermittelt oder selbst empfangen:

Person A entwickelt ein Argument und äußert es. Person B nimmt das Argument als einen Impuls wahr, der in ihr Bedürfnisse oder Ideen bewirkt. Das Argument wird von Person B folglich als ein Zielvorschlag interpretiert, der ihr eigenes inneres Argumentieren initiieren und auch leiten soll. (Das Konditionieren, eine Verhaltenstheorie, spricht in diesem Falle vom Stimulus und Reaktion.) Auf dieses Ziel hin argumentiert Person B mit sich selbst, wenn sie ebenfalls ein Handlungs-System ist, und äußert als Ergebnis ein eigenes Argument, das dann wiederum von Person A als Zielvorschlag interpretiert wird.

Für Person A ist dieser Zielvorschlag durch B auch ein Maß für die Evaluation ihres eigenen vorher geäußerten Argumentes. Verhält sich das Argument B zu diesem additiv, liegt Übereinstimmung vor. Steht es zu ihm dialektisch, ist eine weitere Klärung, ist eventuell Akkommodation notwendig. Im Falle der Übereinstimmung wird Person A ein neues, weiteres Argument äußern, das die Problemlösung voranbringen soll.

Die Erhaltung der Gesundheit ist für Mutter wie Tochter ein gemeinsames Problem, ein Bedürfnis, ein Ziel.

Die Mutter liest eine Nachricht, die diesem Bedürfnis entspricht und daher als Impuls auf ihr inneres Argumentieren wirkt.

(Das Geschehen kann bis hierin dem gemeinsamen Handlungsschritt „Zielfindung" zugeordnet werden.)

Die Information durchwandert im inneren Argumentieren der Mutter die drei Schritte und als Ergebnis äußert sie das Argument: „Rauchen bringt gesundheitliche Risiken mit sich!"

Die Tochter empfängt das Argument als System aus verbalen und nonverbalen (Mimik z. B.) Informationen. Als Impuls bewirkt es auch in ihr inneres Argumentieren. Allerdings stimuliert die Vernunft, indem sie die Körperlichkeit als Mittel einsetzen muß, auch Eigenschaften und Aktivitäten der Körperlichkeit, bei Mutter und Tochter, die teilweise dialektisch wirken: Mutter-Kind-Bedürfnisse mischen sich ein. Im Tonfall der Mutter schwingen etwa Behütenwollen und auch Besserwissen mit, die Tochter hingegen möchte als selbständig anerkannt sein. Sie äußert etwas aggressiv: „Großvater raucht doch auch!" Die Regeln der argumentierenden Kommunikation, die in den folgenden Abschnitten funktionsbegründet jeweils aufgelistet werden, gehen auf diese Beziehungsprobleme ausführlicher ein. Hier beschränken wir uns aus Gründen der Verständlichkeit auf den Verlauf des Argumentierens, und unter diesem

Gesichtspunkt gilt: Das Geschehen hat sich weiterentwickelt, auf die Problemlösung hin. Es vollzieht sich jetzt im gemeinsamen Handlungsschritt „Analyse".

Eine gelungene Argumentation zwischen Mutter und Tochter führt über die gemeinsame Planung in die Schritte Organisation und Realisierung und so mit Hilfe argumentierender Kommunikation schließlich zu einem erwünschten Zustand, der gutes Leben, hier als Gesundheit, wahrscheinlicher macht.

Person A äußert Informationen, die ein gemeinsames Problem analysieren, Person B antwortet durch Informationen, die zum gleichen Schritt gehören. Eine gelungene Problemlösung durch argumentierende Kommunikation entwickelt sich also dadurch, daß die Kommunikationspartner überprüfte Wissenselemente schrittweise zu einem Kräfte-System aus Informationen (Eigenschaften) und Verfahren (Aktivitäten) zusammenbringen, das unter Umständen bereits selbst die Problemlösung ist oder aber für eine Lösung die gedankliche Grundlage bildet. Streit zwischen Personen löst die argumentierende Kommunikation selbst, sie kann aber auch den Zweck haben, ein Produktionsproblem zu klären. Sie schafft dann eine additive Voraussetzung für das Produzieren.

Wichtige zusammenfassende Regeln:

- Sollen Probleme gemeinsam gelöst oder ihre Lösung gemeinsam vorbereitet werden, wählen Sie als sachgerechte Form das argumentierende Kommunizieren.
- Die problemlösende Kommunikation ist das Ergebnis inneren Argumentierens. Legen Sie der argumentierenden Kommunikation daher die gleichen Regeln zugrunde wie dem inneren Argumentieren.
- Äußern Sie das Ergebnis Ihres inneren Argumentierens derart, daß es auf den Kommunikationspartner als einsichtiges Argument und als Zielimpuls wirken kann.
- Fragen Sie nach Argumenten, wenn ein Zielimpuls des Kommunikationspartners Ihnen nicht einsichtig ist.
- Achten Sie darauf, daß die Kommunikation sich bewußt an den Schritten der Problemlösung orientiert.

Die Abbildung 10 und die Regeln beschreiben vereinfachend das methodische Ideal argumentierender Kommunikation. Dieses Ideal kann sich aber in mehrfacher Hinsicht von tatsächlicher Kommunikation unterscheiden:

Die Abbildung beschränkt sich graphisch auf zwei Kommunikationspartner, damit unterstellend, daß Kommunikation zwischen mehreren Personen keine neuen Qualitäten mit sich bringt.

Des weiteren ist der Umstand weggelassen, daß jede Kommunikation auch Produktion bewirkt und daneben Produzierendes braucht (zum Beispiel den Sprechapparat).

Schließlich: Um die Struktur argumentierender Kommunikation einsichtig darzustellen, wird in der Abbildung davon ausgegangen, daß es sich bei den Personen A und B um zwei mutuelle Handlungs-Systeme handelt, die sich als moralisch gleichberechtigt ansehen sowie technisch in etwa den gleichen Informationsstand haben. Sie können und wollen folglich gerechtfertigt miteinander argumentieren. Die Realität sieht aber häufig anders aus. Nicht nur, daß Handlungs-Systeme sich hinsichtlich ihres Informationsstandes erheblich unterscheiden können, es kommunizieren auch Verhaltens-Systeme in unterschiedlichen Ausprägungen. Daher bleibt es immer noch eine erhebliche Vereinfachung, wenn folgende Kommunikationssituationen voneinander getrennt werden:

- Handlungs-Systeme kommunizieren mit Handlungs-Systemen,
- Handlungs-Systeme kommunizieren mit Verhaltens-Systemen,
- Verhaltens-Systeme kommunizieren mit Verhaltens-Systemen.

Verhaltens-Systeme sind nicht in der Lage, ihr inneres Verhalten als gerechtfertigtes Argumentieren zu gestalten. Sie sind auch Argumenten, die von außen kommen, nicht zugänglich – das definiert sie ja als Verhaltens-System. Nicht Vernunft und Körperlichkeit wirken als Einheit, sondern die Körperlichkeit, und damit häufig der Eigennutz, bestimmt durch ihre Eigenschaften und Aktivitäten. Gefühle herrschen, wo nur Gefühle zusammen mit Urteilen gerechtfertigt wären (s. Abb. 10). Von den Positionen, die sich aus den Kombinationen von Handlungs- und Verhaltens-Systemen ergeben, ist im praktischen wie wissenschaftlichen Alltag eine besonders wichtig: Jene, die danach fragt, was ein Handlungs-System beherrschen muß, wenn es selbst gerechtfertigt kommunizieren will. Es hat hierzu nämlich über die komplexe Fähigkeit zu verfügen, nicht nur mit einem anderen Handlungs-System problemlösend zu kommunizieren, sondern auch mit einem Verhaltens-System. Es benötigt erweiterte Kompetenzen, es braucht auch Verfahren, die die Kraft haben, die Handlungsfähigkeit eines Partners entweder problemlösend zu rekonstruieren oder sie problembezogen erst aufzubauen, zu konstruieren.

Der folgende Abschnitt entwickelt sich daher von folgender Position und ihrer Perspektive ausgehend: Das Modell argumentierender Kommunikation ist ein System aus Verfahren. Welche Verfahren hat ein Handlungsfähiger gerechtfertigt gegenüber Handlungsfähigen zu wählen, welche gegenüber Verhaltens-Systemen?

Argumentierendes Kommunizieren als Handlungskompetenz

Die Inhalte der argumentierenden Kommunikation sind es, die durch ihre Bedeutung für die Existenz und die argumentationsbezogenen Kompetenzen des Adressaten bestimmen, welche Kommunikationsformen (Verfahren) gerechtfertigt und angebracht sind: Der Adressat ist also das methodische Maß, insofern er den Inhalt des Argumentes versteht oder nicht versteht, ihn positiv interpretiert oder negativ – und entsprechend reagiert.

Menschen sind, wenn es um Probleme und ihre Lösungen geht, nicht immer Argumenten in einer Weise zugänglich, die gemeinsames gutes Leben ermöglicht. Sie sind dann keine Handlungs- sondern Verhaltens-Systeme: Kleinkinder verstehen Argumente nicht, bewußt Abweichende wollen ihnen nicht folgen, psychisch kranke können es nicht. Wer mutuell kommunizieren will, hat daher den Adressaten hinsichtlich seiner Argumentationsfähigkeit oder -bereitschaft einzuschätzen und dann ein existenzgerechtes Kommunikationsverfahren zu wählen. Hierzu ist es folglich notwendig, den Adressaten (a) hinsichtlich seiner Fähigkeit, Argumente zu verarbeiten, typisieren zu können, sowie (b) Kommunikationsmuster (Verfahren, Methoden) zu beherrschen, die unterschiedlichen Adressatentypen gerecht werden.

Typisierung des Adressaten

Die Typisierung des Adressaten als Handlungs- oder als Verhaltens-System ist abhängig von der Qualität der Wechselwirkungen zwischen Vernunft und Körperlichkeit in der Person des Adressaten. Er ist im Grundsätzlichen (generell) ein Handlungs-System, wenn seine Vernunft ihren mutuellen Funktionen im allgemeinen nachkommen kann; er ist dagegen ein generelles Verhaltens-System, wenn seine Körperlichkeit häufig oder im allgemeinen über die Vernunft dominiert.

Niemand ist immer ein Handlungs-System, jeder ist es nur generell. Personen sind nämlich instabile Kräfte-Systeme, schon weil sich ihre Lebensstrukturen von Situation zu Situation mehr oder weniger gravierend ändern. Ein Handlungs-System wird sich daher fallweise („kasual") als Verhaltens-System äußern, wie auch umgekehrt ein Verhaltens-System kasual als Handlungs-System. Es kann deshalb vorgeschlagen werden, in folgender Weise zu Adressatentypen zu gelangen (s. Abb. 11): Die Typisierung eines Adressaten – durch das mit ihm kommunizierende Handlungs-System – als „generelles" oder als „kasuales" Handlungs- bzw. Verhaltens-System ist abhängig davon, wie häufig der Adressat sich gegenüber verbalen dialektischen Argumenten als zugänglich erweist, d. h. in der Lage ist, sein Wissens-System an gerechtfertigte Argumente anzupassen oder mit gerechtfertigten Gegenargumenten zu antworten.

Mutter und fünzehnjährige Tochter sind generelle Handlungs-Systeme. Aber fallweise dominiert in ihnen die Körperlichkeit derart, daß sie dialektischen Argumenten nicht zugänglich sind. Sie sind dann kasuale Verhaltens-Systeme.

Nikotin beherrscht die Körperlichkeit. Die Tochter, sie ist Raucherin, interpretiert daher die Argumente der Mutter als dialektisch. Sie reagiert abweisend, verwendet Scheinargumente: sie ist gerechtfertigten Argumenten nicht zugänglich. Die Tochter ist in dieser Situation problembedingt als kasuales Verhaltens-System zu typisieren. Kommt es zum Streit und verliert die Mutter die Beherrschung, dann hat auch sie als ein kasuales Verhaltens-System zu gelten.

Das ideale Handlungs-System wäre immer gerechtfertigten Argumenten zugänglich. Generelle Handlungs-Systeme dagegen zeigen sich lediglich als häufig argumentationszugänglich („grundsätzlich" oder „meistens" heißen hierzu die Merkmale in der Abb. 11). Daraus folgt, daß generelle Handlungs-Systeme kasual nicht argumentationszugänglich gegenüber dialektischen Argumenten sind: wenn beispielsweise eine Kraft intensitätsbedingt Angst auslöst, also von der Körperlichkeit als existenzgefährdend wahrgenommen wird. (Ein wütender Hund führt zur Panik.) Zum anderen können generelle Handlungs-Systeme sich „problembedingt" als kasuale Verhaltens-Systeme äußern, wenn sie (Nikotinabhängige zum

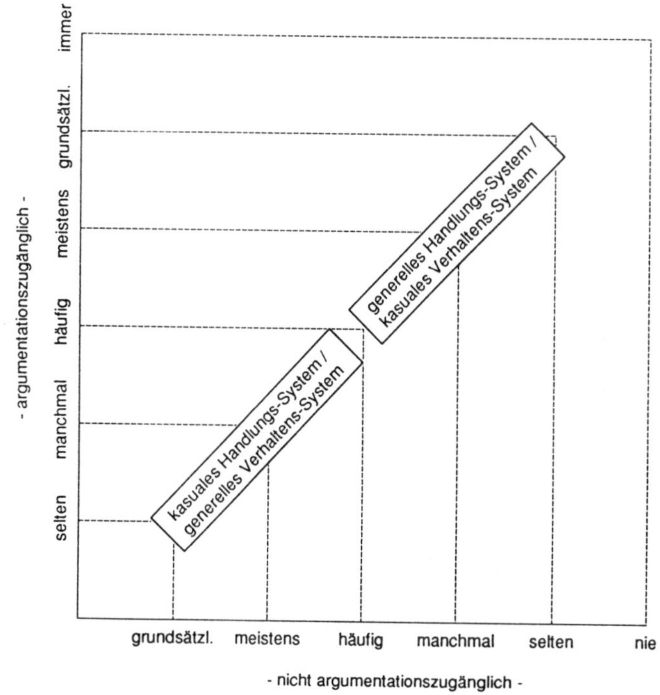

Abb. 11: Typisierung des Adressaten. – Kommuniziert ein Handelnder (ein Handlungs-System) mit einem Adressaten, äußert sich dieser als Handlungs- oder als Verhaltens-System. Personen sind jedoch instabile Systeme. Der normale Persönlichkeitstypus ist daher ein „generelles Handlungs-System/kasuales Verhaltens-System" (also: meistens, grundsätzlich, häufig argumentationszugänglich). Ein zweiter Persönlichkeitstypus ist meistens verbalen dialektischen Argumenten nicht zugänglich, sondern nur manchmal, fallweise. Kommuniziert zum Beispiel ein Kleinkind, ist es daher als „generelles Verhaltens-System/kasuales Handlungs-System" zu typisieren.

Beispiel) regelmäßig oder mit hoher Wahrscheinlichkeit gegenüber bestimmten konkreten oder abstrakten Objekten nicht vernunftkontrolliert reagieren, gegenüber bestimmten Personen, Normen oder Substanzen.

Als Typus ist die „normale Persönlichkeit" ein generelles Handlungs-System und lediglich in bestimmten Situationen ein kasuales Verhaltens-System. In Abbildung 11 ist dieser Typus eingetragen als „Generelles Handlungs-System/Kasuales Verhaltens-System". Diese Persönlichkeit ist – vereinfachend gesagt – zu einem relativ selbständigen und gerechtfertigten Leben fähig.

Generelle Verhaltens-Systeme sind hierzu nicht in der Lage. Kleinkinder bedürfen der intensiven Unterstützung, ebenso psychisch Kranke, obwohl diese in bestimmten Situationen und Lebensbereichen als „normal", also als handlungsfähig zu gelten haben. Ein solcher Persönlichkeitstypus, er umfaßt sehr unterschiedliche Menschen, ist in Abbildung 11 als „Generelles Verhaltens-System/Kasuales Handlungs-System" bezeichnet.

Zwischen beiden Persönlichkeitstypen existieren allerdings in der Realität viele Zwischen- und Übergangstypen. Auch ist das auszählende, quantitative Vorgehen bei der Typisierung theoretisch wie real nicht sehr zufriedenstellend und wäre daher – wenn möglich – auf eine qualitativ bewertende Vorgehensweise hin fortzuentwickeln. Doch bringt schon die vorgenommene Typisierung eine höhere Wahrscheinlichkeit ein, gutes Leben gemeinsam zu erlangen, da sie ermöglicht, klarer zu erkennen, in welcher Art und Weise ein mutuelles Handlungs-System zu argumentieren hat, wenn es einem Adressaten gerecht werden will.

Kommunikationstypen

Das mutuelle Handlungs-System argumentiert also selbst immer, denn es verwendet als Ergebnis inneren Handelns geprüftes lebenstechnisches und moralisches Wissen, um so Problemlösungen zu erreichen. Allerdings sind seine Adressaten nicht alle den verbalen oder dialektischen Argumenten zugänglich. Gegenüber Verhaltens-Systemen bleiben diese ohne existentiell gerechtfertigte Wirkung. Der verbale Hinweis auf Gleichberechtigung ist zum Beispiel weitgehend wirkungslos, wenn sich Kleinkinder um das Essen streiten. Das mutuelle Handlungs-System hat daher Formen der argumentierenden Kommunikation zu beherrschen, die den Fähigkeiten des Adressaten entsprechen. Hier ist von Hilfe, daß jedem Adressatentypus ein Kommunikationstypus zugeordnet werden kann.

Wer gerechtfertigt argumentieren will, hat die Möglichkeiten des Adressaten zu berücksichtigen. Versteht dieser verbale Argumente? Erlaubt ihm seine Körperlichkeit, auf dialektische Argumente sachgerecht einzugehen? Wer dialektische Argumente nicht versteht, weil ihm der Wortschatz fehlt, wird eher positiv reagieren, wenn sie ihm ausführlicher erklärt werden. Wer dialektische Argumente wohl versteht, ihnen aber nicht folgen will, wird auf Erklärungen eher aggressiv antworten. Die Absicht, argumentierend zu kommunizieren, ist daher in verschiedenen Formen zu verwirklichen.

Symmetrische Argumentation

Mit Handlungs-Systemen, mit generellen oder kasualen, kann ein mutuelles Handlungs-System additiv und dialektisch argumentieren. Anders gesagt: Äußert sich ein Adressat, der als Persönlichkeitstypus ein generelles Handlungs- oder auch ein generelles Verhaltens-System ist, in einer bestimmten Situation als Handlungs-System, kann mit ihm dialektisch wie additiv verbal argumentiert werden (s. Abb. 12).

Mit Hilfe der Sprache mit sich selbst zu argumentieren, dies ist im vorhergehenden Kapitel als kennzeichnend für das innere Handeln, für das Argumentieren einer Person, die dadurch ja Handlungs-System ist, herausgearbeitet worden. Äußert sie sich in gleicher Weise gegenüber dem Adressaten, ist daher bei ihr von einer idealen Symmetrie zu sprechen, von einer Symmetrie zwischen innerem und äußerem Argumentieren.

Auch zwischen kommunizierenden Menschen wäre solches Argumentieren die an sich wünschenswerte Form, doch lassen der unterschiedliche Entwicklungsstand der je beteiligten Vernunft und die Ansprüche und Möglichkeiten der beteiligten Körperlichkeiten im allgemeinen nur eine beschränkte Form des symmetrischen Argumentierens zu: Person A weiß über das Problem mehr als Person B, diese dagegen beherrscht gegebenenfalls besser die Regeln der argumentierenden Kommunikation. Trotzdem, aller Unzulänglichkeit bewußt, kann unterstellt werden, daß zwischen Personen, die zwar voneinander verschieden, aber doch Handlungs-Systeme sind, das symmetrische Argumentieren die leitende Kommunikationsform ist, da sie der Gleichberechtigung und auch der Existenzsicherung am besten gerecht wird. Unter den Methoden argumentierender Kommunikation, die in einem späteren Abschnitt vor-

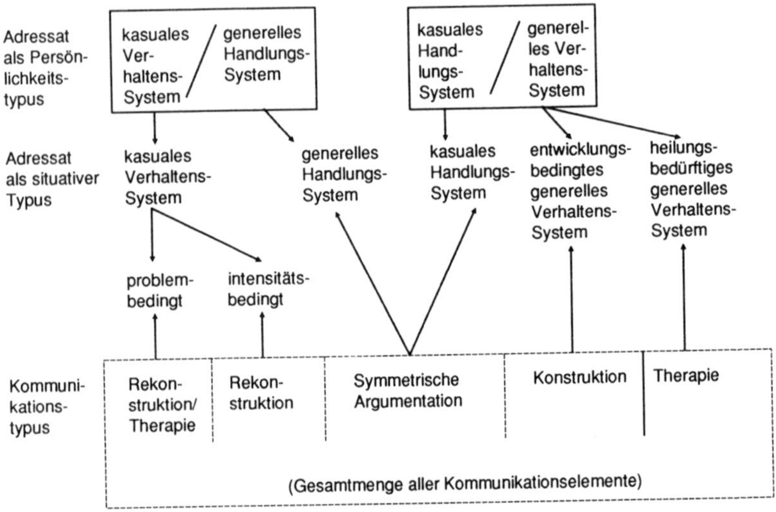

Abb. 12: Typen argumentierender Kommunikation. – Um adressatengerecht kommunizieren zu können, hat der Handelnde (das Handlungs-System) unterschiedliche Kommunikationstypen zu beherrschen. In einer bestimmten Situation kann der Adressat ein Verhaltens-System oder ein Handlungs-System sein (situativer Typus), und dies aus verschiedenen, in der Abbildung angedeuteten Gründen. – Ist der Adressat ein Handlungs-System, ist symmetrisches Argumentieren möglich und angebracht. Ist er ein Verhaltens-System, bedarf er der Konstruktion, der Rekonstruktion oder der Therapie. – Die Kommunikationstypen sind "Cluster" in der Gesamtmenge der Kommunikationselemente, daher enthalten alle Typen auch gemeinsame Elemente: die Kommunikationstypen überlappen sich, die Übergänge im argumentierenden Kommunizieren sind fließend.

gestellt werden, steht daher das „mutuelle Argumentieren" dem symmetrischen Argumentieren am nächsten.

Rekonstruktion (und Therapie)

Dialektische Argumente fordern vom Adressaten, sein Wissens-System anzupassen, sich zu verändern. Dieser Anpassungsdruck wird von seiner Körperlichkeit grundsätzlich als antagonistisch (existenzgefährdend) interpretiert. Ihre Energien werden aktiviert, was bewirken kann, daß seine Vernunft die Kontrolle verliert und der Adressat sich als kasuales Verhaltens-System äußert. Ein Kriterium der Typisierung als nur kasuales (und nicht generelles) Verhaltens-System ist, ob der Wegfall der als existenzgefährdend wahrgenommenen Kraft bereits so wirkungsvoll ist, daß der Adressat seine Fähigkeit wiedererlangt, mutuell zu argumentieren. Kommunikationsmethoden, die dies ermöglichen, dienen dem Kommunikationstypus „Rekonstruktion" (s. Abb. 12). Auch dieser Typus kann sich also in verschiedenen Formen (Methoden) vollziehen, von denen die wichtigsten weiter unten kurz eingeführt und im Abschnitt ›Methoden argumentierender Kommunikation‹ ausführlicher beschrieben werden.

Durch den Versuch zu rekonstruieren, lassen sich auch intensitätsbedingte kasuale Verhaltens-Systeme von problembedingten (von Drogenabhängigen zum Beispiel) und von generellen Verhaltens-Systemen (Kleinkinder, psychisch Kranke) unterscheiden. Problembedingte kasuale und heilungsbedürftige generelle Verhaltens-Systeme brauchen besondere Verfahren der Rekonstruktion, nämlich solche der Therapie, die hier nicht erörtert werden. Sie unterscheiden sich nicht grundsätzlich von den hier dargestellten Rekonstruktionsmethoden, sondern sind durchweg als ihre Extremformen zu interpretieren.

Es gibt unterschiedliche Methoden, Adressaten zu rekonstruieren. Zum Beispiel besteht ein erfolgversprechendes Verfahren darin, weiter mit dem kasualen Verhaltens-System zu argumentieren, aber alle dialektischen Argumente bis zur Rekonstruktion seiner Argumentationsfähigkeit wegzulassen, also nur noch mit additiven Argumenten zu kommunizieren (Methode: „Additives Argumentieren"). Eine andere Methode besteht darin, im Elternhaus wird sie häufig angewandt, dem kasualen Verhaltens-System, etwa einem aufsässigen Sohn, mit körperlicher Strafe zu drohen. Welche Methode unter den möglichen ist in einer Situation angebracht?

Auch für die Methoden der Rekonstruktion gilt das Primat der Argumentation: Jenes Verfahren ist zu wählen, das dem Ideal der Gleichberechtigung am nächsten kommt, und damit dem verbalen additiven und dialektischen Argumentieren. Dieses Primat begründet folgendes Vorgehen: Jene Methode ist in einer Situation, die Rekonstruktionen notwendig macht, allen anderen vorzuziehen, welche der Vernunft des Adressaten möglichst große Chancen inneren Handelns läßt, also des Bewußtwerdens, des

Überlegens und des selbständigen Entscheidens (folglich des inneren Argumentierens). Wer einem Adressaten die Zeit läßt, seine unbeherrschten Reaktionen selbst zu bemerken und sie zu überdenken, handelt gerechtfertigter als jener, der ihn in bester Absicht einzuschüchtern versucht.

Konstruktion

Kleinkinder sind als generelle Verhaltens-Systeme zu typisieren, weil sie aus entwicklungsbedingten Gründen grundsätzlich noch nicht in der Lage sind, symmetrisch zu argumentieren. Um selbständig existenzfähig zu werden, haben sie sich aber zunehmend als Handlungs-Systeme zu äußern. Sie sind dann dabei, ihre Argumentationskompetenz aufzubauen, diese sowohl als ein System aus Verfahren wie auch in inhaltlicher Breite (schließlich alle Elemente der Lebensstruktur umfassend, Abb. 4). Sie kommunizieren immer häufiger argumentierend, und ihre Entwicklung als Kommunikationstypus verläuft vom Verhaltens-System zum Handlungs-System hin. Wer diese Entwicklung unterstützt, ist an der „Konstruktion“ ihrer Argumentations- und Handlungsfähigkeit beteiligt.

In Verhaltens-Systemen dominiert die Körperlichkeit, das haben Kleinkinder mit Erwachsenen, wenn diese sich als Verhaltens-Systeme äußern, gemeinsam. Die Methoden der Konstruktion, insbesondere die Methoden der kindgerechten Bildung (zum Beispiel: Demonstrieren und Anschauen) überschneiden sich aus diesem Grunde mit den Methoden der Rekonstruktion.

In den ersten Lebensjahren liegt also der Schwerpunkt der argumentierenden Kommunikation methodisch auf Verhaltenstechniken. Trotzdem kann und sollte diese Orientierung an verhaltensorganischen Bedingungen des Kindes mit verbalem Argumentieren einhergehen, auch wenn die volle Zugänglichkeit, das Verstehen der Argumente noch nicht vorliegt. Zu beachten ist nämlich, daß die Entwicklung des Kindes fließend verläuft:

Zu Beginn haben verbale Äußerungen ihre Funktion weitgehend nur in dem Klanglichen und im Spracherwerb. Sie begleiten die genannten nonverbalen Verfahren. Als begriffsgerechte Argumente rücken sie aber im Laufe der fortschreitenden kognitiven Entwicklung des Kindes stetig in den Vordergrund. Dies vollzieht sich für den mit dem Kind kommunizierenden Erwachsenen fast unmerklich, weil die Entwicklung wesentlich im inneren Argumentieren des Kindes verdeckt geschieht und sich nur gelegentlich äußert. Schon deshalb ist es angebracht, mit Kindern – auch wenn Konditionieren und Modellernen als Methoden im Mittelpunkt der Konstruktion stehen müssen – sooft wie möglich argumentierend zu sprechen.

Im Laufe der Entwicklung kehrt sich dies immer stärker um: Erziehung und Bildung sind schließlich gekennzeichnet durch verbales dialektisches und additives Argumentieren und werden durch Konditionieren und Modellernen nur unterstützt (vgl. Reynolds 1968, Bandura 1979, Staub 1982, Aebli 1983).

Den Aufbau der Argumentations- und Handlungsfähigkeit bei Kleinkindern hat Piaget (1969) als „Erwachen der Intelligenz“ beschrieben: Die Konstruktion führt in ihren ersten Anfängen, beim Säugling, die evolutionär mitgegebene intellektuelle „Organisation“ weiter. Die Assimilation, das konfliktfreie Verarbeiten nonverbaler additiver „Argumente“ (von Wissen, das der Erwachsene bewußt als Mittel des Lebens anbietet), ist daher das „Urfaktum“, kennzeichnend am Beginn des Lebens. Die später einsetzende, dann immer häufigere Akkommodation ist hierzu die komplementäre Bewegung, da die Assimilation die Objekte der Umwelt gedanklich ohne weiteres einverleibt, während die Akkommodation eine qualitative Veränderung des Wissens-Systems des Heranwachsenden verlangt: Er muß aufgrund eines für ihn neuen Argumentes seinem eigenen bisherigen Argumentieren unrecht geben, also in Zukunft anders argumentieren.

Assimilation und Akkommodation sind aber auch antagonistische Prozesse, weil Assimilation dem Bedürfnis nach Existenzsicherung scheinbar entgegenkommt, den bisherigen (auch stammesgeschichtlichen) Erfahrungen des Kindes entspricht, von ihm selbst angestrebt wird, von ihm ausgeht – wohingegen Akkommodationen vorwiegend durch die Umwelt erwartet und auferlegt werden. Erzieherische Maßnahmen zum Beispiel, die am Prinzip der Gleichberechtigung orientiert sind, stehen dem Eigennutz und damit dem „Urfaktum“ Assimilation grundsätzlich dialektisch gegenüber. Es kommt zu Störungen, die Rekonstruktionen im Prozeß der Konstruktion erfordern. Auch in der Konstruktion sind folglich Methoden der Rekonstruktion kasual notwendig.

Methoden argumentierender Kommunikation

Mutuelle Handlungs-Systeme argumentieren immer, zumindest im inneren Handeln, sie passen sich aber in der Form den Möglichkeiten an, die der Adressatentypus anbietet oder notwendig macht, je nachdem, ob er Handlungs- oder Verhaltens-System ist. Sie wählen also jene Kommunikationsform, die der gemeinsamen Problemlösung direkt oder indirekt am besten dient. Dabei gilt das Primat des verbalen, dialektischen und additiven Argumentierens (Schwemmer 1979). Dies bedeutet, daß sich das mutuelle Handlungs-System für jene Form zu entscheiden hat, die situationsgerecht diesem Ideal am nächsten kommt. So entsteht eine Hierarchie der Kommunikationsmethoden, nach der die hier anschließende Darstellung der wichtigsten Methoden geordnet ist.

Folgendes ist aber zu beachten: Genauer betrachtet, setzt sich jede Methode, da sie Teil der Lebensstruktur ist, aus allen Kräften zusammen. Elemente aller Methoden finden sich daher in jeder einzelnen Methode. Ein Beispiel: Das symmetrische Argumentieren wendet sich an Personen, die zwar Ganzheiten, aber doch Systeme aus Vernunft und Körperlichkeit sind. Es kann und sollte daher nie ausschließlich vernunftorientiert angewendet werden, sondern stets körperlichkeitsbezogene Elemente mit enthalten. Ein Argument zielt auf die Vernunft des Adressaten, aber hat dessen Körperlichkeit nicht außer acht zu lassen:

Wer ein Argument äußert, wird um so eher die erwünschte Wirkung erzielen, wenn er das Argument auch als Modell verkörpert sowie es als wichtig für die Bedürfnisse des Adressaten erkennen läßt. Das verbale Argument wird auf diese Weise transportiert und gestützt durch ein ganzes Bündel aus methodischen Kräften, die auch die Körperlichkeit nutzen: es wird konditioniert, am Modell gelernt. Lediglich die akzentuierende Ausrichtung auf die Vernunft rechtfertigt es, das Geschehen vereinfachend „verbales“ Argumentieren zu nennen.

„Rauchen verursacht Krebs!“ Dieses verbale Argument der Mutter wird von der nikotinabhängigen Tochter als dialektisch interpretiert. Soll es trotzdem Wirkung erzielen, soll es zu einer Akkommodation führen, ist von Hilfe, wenn

– Tonfall und Mimik der Mutter freundlich sind (additiv),

- die Mutter selbst nicht raucht (Modellernen),
- sie Nichtrauchen klug betont (Konditionieren).

Die einzelnen Methoden können, ebenfalls akzentuierend, auch den Kommunikationstypen zugeordnet werden: dem symmetrischen Argumentieren, der Rekonstruktion oder der Konstruktion. Für die Konstruktion gilt, wie im betreffenden Abschnitt eingeführt, daß sie gegenüber dem Neugeborenen mit noch weit vom verbalen Argumentieren entfernten Methoden beginnen muß, und erst nach und nach, im Laufe der ersten Lebensjahre, über das Modellernen und Konditionieren zum verbalen Argumentieren gelangt. Das symmetrische Argumentieren stützt sich auf die Argumentationsfähigkeit des Adressaten, akzeptiert diese jedoch als instabil, als durch dialektische Argumente gefährdet. Die Rekonstruktion rückt erzwungenermaßen vom symmetrischen Argumentieren ab, versucht aber so bald wie möglich, beispielsweise durch additives Argumentieren, dorthin zurückzukehren.

Im weiteren werden wichtige Methoden kurz dargestellt, die ein argumentierendes Handlungs-System nutzen kann, um symmetrisch zu argumentieren oder zu konstruieren oder zu rekonstruieren. Sie werden schließlich als gerechtfertigte Methoden in ein in sich geschlossenes Modell argumentierender Kommunikation aufgenommen (Abb. 13).

Im Folgenden ist jede Methode über ihre Funktion begründet und definiert. Ihre Wirkungspunkte im Kräfte-System „Handlungs-System in Wechselwirkung mit einem Adressaten" sind (annähernd) bestimmt. Zusätzlich beschreiben Regeln jede Methode, unter der Maxime, sie so darzustellen, daß sie als Mittel gerechtfertigter Kommunikation bewußt angewendet werden kann.

Reines Argumentieren

Definition: Kommunizieren durch verbale, additive wie dialektische Argumente. Bewußt frei und offen, ausschließlich vernunftbestimmt, nur an der Sache orientiert. Ansprüche und Wirkungen der Körperlichkeiten werden nicht berücksichtigt.

Akzente (Wirkpunkte im Kräfte-System):

$$(\underline{\underline{V\text{–}e}} \rightleftarrows K\text{–}e) \rightleftarrows (\underline{\underline{V\text{–}f}} \rightleftarrows \underline{\underline{K\text{–}f}})$$

(Das Kräfte-System ist aus dem argumentierend kommunizierenden Handlungs-System und dem Adressaten gebildet, mit dem es in Wechselwirkung steht. Es bedeuten: V–e = eigene Vernunft des Handlungs-Systems, K–e = eigene Körperlichkeit; V–f = fremde Vernunft, K–f = fremde Körperlichkeit.)

Menschen kommunizieren zwar als Ganzheiten aus Vernunft und Körperlichkeit, aber beide Kräfte stellen auch ihre eigenen Ansprüche an das gute Leben. Wer Argumente nach Form und Inhalt so äußert, daß die Erwartungen der Körperlichkeit des Adressaten – ihr Bedürfnis nach Sicherheit vor allem – nicht erfüllt werden, provoziert im Adressaten Konflikte, die es diesem schwer machen, sachbezogen zu reagieren. Solch „reines" Argumentieren ist daher im realen Handeln keineswegs die optimale Art und Weise, argumentierend zu kommunizieren. Für die reine Vernunft ist es ein Ideal, dem Menschen als Ganzheit wird es nicht gerecht.

Mutuelles Argumentieren

Definition: Kommunizieren durch verbale, additive wie dialektische Argumente. Bewußt frei und offen, aber notwendige dialektische Argumente nur so verwendend, daß die Körperlichkeit des Adressaten sie ertragen kann.

Akzente im Kräfte-System:

$$(\underline{\underline{\text{V–e}}} \rightleftarrows \underline{\text{K–e}}) \rightleftarrows (\underline{\underline{\text{V–f}}} \rightleftarrows \underline{\text{K–f}})$$

Der kennzeichnende Anspruch der Körperlichkeit besteht in der Existenzsicherung und ihren Merkmalen. Wird der Gesprächspartner als gleichberechtigte Ganzheit aus Vernunft und Körperlichkeit akzeptiert, ist damit die wesentliche Voraussetzung harmonischer Kommunikation geschaffen. Dialektische Argumente werden dann, wenn sie für eine Problemlösung notwendig sind, so geäußert, daß sie den Adressaten in seinen Bedürfnissen und Gefühlen nicht oder möglichst wenig verletzen. Faires miteinander Umgehen charakterisiert diese Methode. Die Prüfsteine mutuellen Handelns, Existenzsicherung und Gleichberechtigung, stellen daher auch hier das Maß, an dem sich das mutuelle Argumentieren zu orientieren hat (vgl. Alexy 1978, Fischer und Ury 1981).

Das mutuelle Argumentieren sollte das Standardverfahren zwischen Handlungs-Systemen sein. In der Partnerschaft, in der Familie, in Bildung und Erziehung, in Institutionen, auf politischer Ebene: es ist die wünschenswerte (mündliche oder schriftliche) Form des problemlösenden Austausches von Argumenten, da es am besten dem gemeinsamen guten Leben dient. Es verletzt nicht, sondern wirkt durch einsichtige, überzeugende Argumente. Es stellt das Handlungs-System nicht über den Adressaten. Es ist nicht nur am eigenen Wohl orientiert, sondern versucht, die Interessen aller direkt und indirekt Beteiligten zu berücksichtigen. Zwei Regeln sind daher besonders wichtig:

- Grundregel 1: Wer argumentiert, hat zu respektieren, daß jeder Teilnehmer seine eigene Lebensstruktur, sein eigenes Lebenskonzept und damit seine eigenen Wertvorstellungen und Deutungen besitzt.
- Grundregel 2: Geht es um Problemlösungen, hat die Gesamtmaxime, also die Leitmaxime wie die Alternative, allen beteiligten Lebenskonzepten und -strukturen möglichst gerecht zu werden.

Viele Regeln des inneren Argumentierens sind zwar für die argumentierende Kommunikation zu übernehmen und hier deshalb nicht nochmals anzuführen, doch ergeben sich im äußeren Argumentieren, infolge der Erweiterung auf die Wechselwirkungen zwischen eigener und fremder Vernunft sowie eigener wie fremder Körperlichkeit, auch wesentliche Änderungen und damit weitere Regeln, und zwar durch:

A. Die besondere Struktur der argumentierenden Kommunikation

Eine Äußerung wirkt auf den Adressaten als Impuls, als Ziel, auf das er im Inneren hin argumentiert, bevor er sich selbst zustimmend (additiv) oder dialektisch äußert. Stimmen alle einer Idee zu, wird sie auf diese Weise – als Konsens – zum gemeinsamen Argument. Daher gilt:

- Formen Sie das Argument sprachlich so, daß es vom Adressaten als Ziel verstanden werden kann.
- Geben Sie dem Adressaten genug Zeit, das Argument zu verarbeiten.
- Orientieren Sie die Abfolge Ihrer Argumente an den sechs Schritten des Handelns.

B. Das Mitwirken eigener und fremder Körperlichkeit

Dialektische Argumente, auch wenn sie für die Problemlösung notwendig sind, bringen das Risiko mit sich, daß der Adressat zum kasualen Verhaltens-System wird. Um dem vorzubeugen, hat jeder mutuell Argumentierende bestimmte Regeln der Stabilisierung einzuhalten, die sich in folgender Weise ordnen lassen:

a) Eigene Vernunft in Wechselwirkung mit fremder Vernunft.

Akzente im Kräfte-System:

$$(\underline{\underline{V\text{–}e}} \rightleftarrows \underline{K\text{–}e}) \rightleftarrows (\underline{\underline{V\text{–}f}} \rightleftarrows \underline{\underline{K\text{–}f}})$$

Die Körperlichkeit des Adressaten droht zu dominieren, die Argumentation zu gefährden. Das mutuelle Handlungs-System nimmt dieses wahr und äußert Argumente, die die Vernunft des Adressaten stärken sollen:

- Jeder darf jede Behauptung in die Argumentation einführen.
- Jeder darf jede Behauptung problematisieren.
- Problemlösungen erfordern additive wie dialektische Argumente.

b) Eigene Vernunft in Wechselwirkung mit fremder Körperlichkeit.

Akzente im Kräfte-System:

$$(\underline{\underline{V\text{–}e}} \rightleftarrows \underline{K\text{–}e}) \rightleftarrows (\underline{V\text{–}f} \rightleftarrows \underline{\underline{K\text{–}f}})$$

Der mutuell Handelnde berücksichtigt die Ansprüche der Körperlichkeit des Adressaten, um ihn als Handlungs-System zu stabilisieren:

- Bauen Sie im Adressaten auch das Gefühl auf, mit ihnen partnerschaftlich an der Lösung des Konfliktes zu arbeiten.
- Vermeiden Sie, ihn zu verletzen oder ihm das Gefühl einer Niederlage zu vermitteln.
- Versuchen Sie, dem Adressaten gefühlsabhängige Entscheidungen zu erleichtern. Ein Weg ist, gleich gute Lösungen vorzuschlagen und ihn dann entscheiden zu lassen.
- Äußert sich der Adressat emotional, reagieren Sie passiv. Verteidigen Sie Ihre Argumente nicht, sondern laden Sie zu sachlicher Kritik ein.
- Argumentieren Sie unter dem Leitgedanken: Entgegenkommend, wenn es um die Gefühle des anderen geht, entschieden nur in der gerechtfertigten Sache.

c) Eigene Körperlichkeit (als Mittel der eigenen Vernunft) in Wechselwirkung mit fremder Körperlichkeit.

Akzente im Kräfte-System:

$$(\underline{\text{V–e}} \rightleftarrows \underline{\underline{\text{K–e}}}) \rightleftarrows (\underline{\text{V–f}} \rightleftarrows \underline{\underline{\text{K–f}}})$$

Ein mutuelles Handlungs-System nutzt seine Körperlichkeit, um stabilisierende Wirkungen zu erzielen:

- Verwenden Sie auch nonverbales Handeln, um konstruktive emotionale Wirkungen zu erzielen.
- Zeigen Sie, daß Sie die Argumente des anderen ernst nehmen.

d) Eigene Vernunft in Wechselwirkung mit der organischen und anorganischen Umwelt.

Akzente im Kräfte-System:

$$(\underline{\underline{\text{V–e}}} \rightleftarrows \underline{\text{K–e}}) \rightleftarrows (\underline{\underline{\text{U–a/U–o}}}) \rightleftarrows (\underline{\text{V–f}} \rightleftarrows \underline{\underline{\text{K–f}}})$$

Ein mutuelles Handlungs-System nutzt die Bedingungen der anorganischen und organischen Umwelt, um hinsichtlich der Argumentationsfähigkeit des Adressaten stabilisierende Wirkungen zu erzielen:

- Nutzen Sie die Möglichkeiten der nichtpersonalen Umwelt. Zeitfaktor (Pausen), Raumfaktor (Abstand), additive Objekte (z. B. ein Getränk) sind wichtige Mittel, auf sich abzeichnende Krisen stabilisierend zu reagieren.

Additives Argumentieren

Definition: Das mutuelle Handlungs-System äußert sich verbal, verzichtet aber so lange auf dialektisch wirkende Argumente, bis der Adressat wieder in der Lage ist, existenzgerecht argumentierend zu kommunizieren.

Theoretisch kann das additive Argumentieren in folgender Weise begründet werden: Typisieren wir einen Menschen als Handlungs- oder als Verhaltens-System, so unterstellen wir, daß sein Verhalten aus Wechselwirkungen besteht, die nicht zufällig verlaufen, sondern – auch evolutionär bedingt – sich zu existentiellen, insbesondere existenzsichernden Strukturen oder Mustern entwickelt haben.

Für das innere Handeln oder Verhalten gilt daher, daß ein entscheidendes Merkmal der jeweils erreichten Kompetenz zur Existenzsicherung darin besteht, wieviel lebensgerechte Argumente die eigenen Denkstrukturen sich konfliktfrei einverleiben können. Für Piaget (1976) ist dies der Entwicklungsstand in der Fähigkeit zu assimilieren. Im Modell des existentiellen Handelns heißen solche Argumente „additiv“. Sie entsprechen entweder dem erreichten Wissens-System des Adressaten oder erweitern dieses nur quantitativ. Daher bewirken sie im Adressaten grundsätzlich keine Konflikte zwischen Vernunft und Körperlichkeit. Bei Problemlösungen sind es Argumente, denen der Adressat deshalb zustimmt, weil er sie ohne weiteres als additive Mittel (als additive Bedingungen) seiner eigenen Ziele erkennt. Wer dem anderen recht gibt, kann seine Zustimmung, kann also eher Harmonie denn Aggression erwarten.

Rekonstruktion durch additives Argumentieren

Dialektische Argumente stören generell das Gleichgewicht zwischen Vernunft und Körperlichkeit im Adressaten, ob sie gerechtfertigt sind oder nicht. Kommen dialektische Argumente von außen, empfindet sie der Adressat als Anpassungsdruck der Umwelt und interpretiert sie als Existenzgefährdung. Dies führt zur Aktivierung der Energien seiner Körperlichkeit und unter Umständen zur kasualen Dominanz der Körperlichkeit über seine Vernunft.

Rogers (1951) und auch Gordon (1972) haben aufgrund solch unerwünschter Wirkungen notwendiger dialektischer Argumente spezielle Verfahren entwickelt, die es einem Handlungs-System ermöglichen, kasuale (und sogar problembedingte) Verhaltens-Systeme zu Handlungs-Systemen hin zu rekonstruieren: Der mutuell Handelnde hat zu bewirken, daß das dialektische Argumentieren nur im Innern des Adressaten geschieht, und es daher von diesem nicht als ein Anpassungsdruck, der von außen kommt, wahrgenommen und abgelehnt wird. Es beschränkt sich in der Kommunikation der mutuell Handelnde daher auf additives Argumentieren. Er wiederholt zum Beispiel lediglich mit eigenen Worten, was der Adressat zum Problem gesagt hat. Er formuliert dabei sehr vorsichtig, höchstens klärende Akzente setzend, und geht davon aus, daß er auf diese Weise additives wie dialektisches Argumentieren im Adressaten stimulieren kann. Er sagt hingegen nichts, was für den Adressaten neu ist und von diesem als existenzgefährdend interpretiert werden könnte. Er äußert keinerlei Mißbilligung, keine abweichende Meinung, er gibt sogar keinerlei Ratschläge.

Additives Argumentieren erfordert aber nicht, sich auf Dauer als Handlungs-System hinsichtlich der Problemlösung so betont passiv zu verhalten: Hat mit Hilfe beruhigender Kommunikation der Adressat seine Fassung wiedererlangt, hat er also wieder als Handlungs-System zu gelten, ist zum mutuellen Argumentieren als Methode zurückzukehren. Denn nun erwartet der Adressat problemlösende Vorschläge, problemlösende Argumente, auch wenn diese dialektischer Qualität sind. Er sieht und fühlt sich nicht als gleichberechtigt akzeptiert, sondern eher von oben herab be-handelt, wenn der Kommunikationspartner ihn weiter offensichtlich und spürbar schont.

Reagiert die Tochter im Gespräch mit der Mutter zunehmend aggressiv, kann die Mutter zeitweilig auf alles Dialektische verzichten. Sie bricht das Gespräch aber nicht ab, sondern übernimmt eine eher passive Rolle. Es ist dann durchaus wahrscheinlich, daß die Tochter selbst über ihre Schwierigkeiten mit dem Rauchen zu sprechen beginnt. Die Mutter verstärkt sie nun in ihren Überlegungen, indem sie besonders aufmerksam zuhört und allen problemlösenden, erwünschten Äußerungen zustimmt.

Schließlich kann auch die Mutter wieder freier ihre eigenen Argumente vorbringen, also mutuell argumentieren: Die Rekonstruktion durch additives Argumentieren ist geglückt.

Wichtig ist, sich bewußt zu sein, daß additives Argumentieren nur ein Hilfsmittel ist, die Argumentationsfähigkeit des Adressaten und damit mutuelles Argumentieren wiederherzustellen, zu rekonstruieren. Es ist also nicht Selbstzweck, sondern sobald wie möglich als Methode zu verlassen.

Konstruktion durch additives Argumentieren

Die Konstruktion der Handlungsfähigkeit soll im Adressaten die Kompetenzen zu moralischem und technischem Handeln aufbauen. Sofern es um technisches Handeln geht, also um Lebenstechnik, um berufliches Wissen beispielsweise, interpretiert der Adressat die Argumente grundsätzlich als für sich existenzsichernd, als für sich selbst additiv. Additives Argumentieren ist daher charakteristisch für Bildungsprozesse, die deshalb generell weniger konfliktbehaftet sind als Erziehungsmaßnahmen, deren Argumente ja dialektisch auf die Überwindung des naturgegebenen Eigennutzes zielen.

Additives Argumentieren kann hingegen nicht genügen, wenn es um die Konstruktion des mutuellen Handelns als Ganzes geht, da dieses lebenstechnisch wie auch moralisch gerechtfertigt zu sein hat. Folglich sind sowohl additive Bildung wie auch dialektische Erziehung notwendig. Und: Die zu den Bedürfnissen der Körperlichkeit dialektisch stehende Erkenntnis der Gleichberechtigung dem Heranwachsenden allein zu überlassen, das ist, evolutionär bedingt, zumindest unrealistisch. Die Widerstände, auf die KANTS Philosophie der Gleichberechtigung bis heute in Theorie und Alltag trifft, belegen dies eindringlich. Die additiven Methoden von ROGERS (1951) sind daher auch unter diesem Gesichtspunkt von ihrem Wesen her eingeschränkt, sie sind spezifische Methoden der Rekonstruktion im Bereich der Lebenstechnik, hingegen keine allgemeinen Methoden der Bildung und Erziehung.

Modellernen

Definition: Das mutuelle Handlungs-System äußert seine Argumente nicht verbal, sondern beschränkt sich darauf, den Adressaten die Argumente an modellhaften Personen, Objekten und Sachverhalten beobachten oder erfahren zu lassen.

Mutuelles Argumentieren ist um so erfolgreicher, wenn die Körperlichkeit des Adressaten bewußt berücksichtigt wird; einmal seine Bedürfnisse und Gefühle, zum anderen aber auch die Qualität ihrer Empfindungen und Vorstellungen. Überwiegen hinsichtlich eines Problems im Adressaten eher unklare Vorstellungen statt klarer Begriffe, ist es für ihn eine Hilfe, wenn er die Argumente beispielhaft an Modellen beobachten kann.

Das Lernen an Modellen oder an modellhaften Situationen (aus der Sicht des Handlungs-Systems ist es ein Lehren durch von ihm modellierte oder ausgewählte Ereignisse) vermag also verbales Argumentieren zu stützen, daher gehört Modellernen zu den Mitteln des mutuellen Argumentierens. Es kann aber auch das zentrale Verfahren sein, wenn es nämlich in der Rekonstruktion oder in der Konstruktion verwendet werden muß.

Rekonstruktion durch Modellernen

Dialektische Argumente stören das Gleichgewicht zwischen Vernunft und Körperlichkeit des Adressaten. Auch Situationen, verallgemeinert: alle Kräfte-Systeme, die vom Adressaten als dialektisch zur angestrebten Existenzsicherung wahrgenommen und interpretiert werden, können diese Wirkung erreichen:

Nach Bandura (1979, 1986) fürchten Menschen bedrohliche Situationen, wenn sie annehmen, sie seien nicht in der Lage, mit ihnen fertig zu werden. In solchen Kräfte-Systemen gewinnt ihre Körperlichkeit unter Umständen die Dominanz über die Vernunft, und sie zeigen sich Argumenten, insbesondere dialektischen, nicht mehr zugänglich. Beobachten sie aber, daß andere Personen den angstauslösenden Kräften standhalten, ohne aversive Konsequenzen zu erleiden, kann dies in ihnen die Einstellung und Überzeugung bewirken, daß sie ebenfalls in der Lage sind, solche Situationen zu bewältigen. Wer in einem Streit gelassen bleibt, wirkt auf die anderen beruhigend. Eigene Höflichkeit und Sachlichkeit im Umgang mit Nachbarn bei Streitigkeiten fördert die Höflichkeit und Sachlichkeit des Nachbarn und damit eine gerechtfertigte Lösung.

Modellernen führt zur Rekonstruktion der Argumentations- und damit der Handlungsfähigkeit. Es kommt zu kognitiven Prozessen im Inneren des Adressaten, nämlich zu solchen der Beobachtung und der Verarbeitung (symbolische Kodierungen, kognitive Organisationen). Diese Vorgänge sind jedoch nur unzureichend bewußt. Daher wäre es überhöht, von innerem Argumentieren zu sprechen:

Der Adressat als kasuales Verhaltens-System, das sich rekonstruiert, betreibt dabei keine bewußte Zielfindung, keine Analyse und keine Planung. Die Körperlichkeit ist die dominierende Kraft. Es handelt sich aber um ein Kennenlernen neuer Verhaltensweisen, und es kann schließlich zu ihrer Übernahme in das eigene Verhaltenspotential kommen. Dieses verändert sich dadurch, was, wenn die neue Verhaltensweise erprobt wird, durch äußere Bekräftigung oder durch Selbstbekräftigung eine Evaluierung erfährt. Die Handlungstypen „Erkennen" und „Verändern" (und damit die sechs Schritte des Handelns) sind also im Modellernen bereits angelegt. Schon aus diesem Grunde steht das Modellernen dem inneren Argumentieren im Adressaten näher als das Konditionieren und ist daher beim Aufbau der Argumentationsfähigkeit eine wichtige Kraft. Dies zeigt der nächste Abschnitt.

Konstruktion durch Modellernen

In der Kommunikation zwischen Erwachsenen und Kindern ist Modellernen ein Faktum: Kinder lernen von Bezugspersonen, auch wenn diesen ihre Wirkung auf die Kinder nicht bewußt ist. Sie sind Modelle. Schon aus diesem Grunde ist es einsichtig, daß Erzieher sich für mutuelles Handeln nicht nur verbal einsetzen, sondern es durch eigene Taten vorleben sollten. Jede Verhaltensweise des Erziehers, die seinen verbal geäußerten Erziehungsargumenten widerspricht, schwächt diese und kann über Modellernen zu dauerhaften Verhaltensweisen des Kindes führen, die nicht gerechtfertigt sind. Umgekehrt trägt jede vom Erzieher ausgehende beobachtbare mutuelle Handlungsweise dazu bei, gerechtfertigte Verhaltensweisen des Kindes zu fördern.

Bei der Konstruktion der Kompetenz, argumentierend zu kommunizieren, ist das Modellernen daher eine planbare Methode: der mutuell Handelnde (Eltern, Lehrer, alle mit der Förderung von Kindern befaßten Handlungs-Systeme) kann sich bewußt als Modell einbringen. Zwar wirkt er dadurch nicht unmittelbar vernunftaufbauend, doch als Modell vermittelt er Aktivitäten und inhaltliche Bausteine (Eigenschaften) von Vernunft und Körperlichkeit, die als Material notwendige Voraussetzungen der Vernunft sind.

Der mutuell Handelnde kann des weiteren modellhafte Situationen schaffen oder zugänglich machen (Aebli 1983). Kinder, die auf Initiative ihrer Eltern hin in einer Theatergruppe mitwirken, lernen dadurch nicht nur, Texte nachahmend zu sprechen. Sie befassen sich auch mit den Gedanken, mit den Argumenten der Personen, die sie spielen. Sie diskutieren mit sich selbst, mit ihren Altersgenossen und mit ihren Eltern. Das Lernen an Modellen und durch Modelle regt sie an, argumentierend zu kommunizieren.

Allgemein gesagt: Modellernen beginnt mit wenig bewußtem Nachahmen. Aber schließlich kommt es, aufgrund zunehmender kognitiver Kompetenz des Lernenden, zum Überprüfen der Verhaltensweisen des Modells oder der Merkmale eines sonstigen als Modell wirkenden Kräfte-Systems. Staub (1982, S. 199) berichtet, daß von größeren Kindern insbesondere jene Verhaltensweisen des Modells übernommen werden, die „altruistische Intentionen“ erkennen lassen. Bandura (1979) weist darauf hin, daß Kinder, wenn sie älter werden, die Merkmale verschiedener Modelle zu neuen Modellen (Kräfte-Systemen) kreativ verschmelzen, die sich von den Einzelquellen qualitativ unterscheiden.

Wie das Modellernen das verbale Argumentieren stützt, so ist es auch umgekehrt: das verbale Argumentieren fördert das Modelllernen. Eine Person kann zum Beispiel ihre Wirkung als Modell auf ein Kind verstärken, indem es dieses zur Imitation anregt und ihm verbal das erwünschte Merkmal zuordnet: „Du möchtest ja auch aufrichtig sein!“ In der Folge identifiziert sich das Kind eher mit diesem Merkmal und handelt entsprechend.

Konditionieren

Definition: Das mutuelle Handlungs-System äußert seine Argumente nicht verbal, sondern beschränkt sich darauf, das Verhalten des Adressaten argumentgerecht zu formen. Es nutzt hierzu die Bedürfnisse der Körperlichkeit des Adressaten.

Das Modellernen geht mit kognitiven Prozessen einher, die unter günstigen Bedingungen imstande sind, das Bewußtsein des Adressaten unmittelbar zu aktivieren. Die Freiheit, dem Modell zu folgen oder es ganz wie teilweise abzulehnen, ist je nach Entwicklungsstand des Adressaten mehr oder weniger gegeben. Wird hingegen der Adressat konditioniert, lernt er grundsätzlich nur das, was das konditionierende Handlungs-System will:

Konditionieren wendet sich von der Intention her bewußt und geplant an die Körperlichkeit. Diese aber hat selbst wenig oder kein Bewußtsein. Daher ist das Konditionieren, gemessen am Primat des symmetrischen Argumentierens, dem Lehren durch Modelle moralisch unterlegen. Das Modellernen ist, wenn möglich, vorzuziehen. (Nur mittelbar wird durch Konditionieren auch die Vernunft beeinflußt, indem ihre Eigenschaften gefördert werden – es wird ja Wissen vermittelt. Nicht oder nur wenig aber entwickeln sich hingegen ihre Aktivitäten, zum Beispiel das Prüfen oder Schlußfolgern.)

Der Evolution des Menschen und dem mit ihr verknüpften Lernen durch Konditionieren ist gemeinsam, daß es um existenzsichernde Anpassung an die durch Natur oder Menschen gebildete Umwelt geht:

Im klassischen Konditionieren erweitert die Körperlichkeit ihr Wissen über existenzsichernde Objekte. Tritt ein neues Objekt risikofrei mit einem ihr bekannten existenzsichernden Objekt auf, scheint es also mit diesem verknüpft zu sein als eine günstige Bedingung, dann speichert die Körperlichkeit dieses Objekt als existentiell additiv. Wer beginnt (er ist das neue Objekt), dem Kleinkind regelmäßig Nahrung zu geben (das dem Kind als existenzsichernd bekannte Objekt, ein additiver Vorgang), wird seine Bezugsperson, zu der es existenzsicherndes Vertrauen hat.

Im operanten Konditionieren lernt die Körperlichkeit, welche ihrer Verhaltensweisen wahrscheinlich existenzsichernd sind (vgl. HOLLAND und SKINNER 1974). Stößt ein Säugling, der sich langweilt, zufällig gegen die Rassel, wird er das in Zukunft wahrscheinlich öfter tun, und zwar immer absichtsvoller.

In der Kommunikation, ob zwischen Handlungs- oder Verhaltens-Systemen, ist das Konditionieren ein Faktum, selbst das mutuelle Argumentieren wird durch es begleitet und gestützt: jeder Handelnde, insbesondere jede Bezugsperson, hat für den Adressaten mehr oder weniger existenzsichernde Bedeutung und wirkt daher auf diesen konditionierend. Dieses Faktum haben Handelnde bei Interaktionen bewußt zu berücksichtigen, schon um unerwünschte Konditionierungen zu reduzieren. In diesem Zusammenhang ist auch die Frage zu stellen, ob der mutuell Handelnde so viel wie möglich (SKINNER 1970) oder so wenig wie nötig (SCHWEMMER 1979) konditionieren soll:

Wie das Modellernen kann auch das Konditionieren in der argumentierenden Kommunikation, der mutuellen Ziele wegen, notwendig und damit bedingt gerechtfertigt sein, wenn nämlich Rekonstruktion oder Konstruktion diese Methoden erfordern.

Rekonstruktion durch Konditionieren

Die einfachste Form, auf ein kasuales Verhaltens-System rekonstruierend zu wirken, besteht in der Belohnung von allen Verhaltensäußerungen, die zu den Merkmalen des symmetrischen Argumentierens gehören:

Wer in einer offen geführten Diskussion sich zunehmend emotionalisiert äußert, schließlich aufspringt, aber nach einiger Zeit aus irgendwelchen Gründen wieder Platz nimmt, kann für letztere Verhaltensweise, die dem symmetrischen Argumentieren dient, vom Diskussionsleiter durch nonverbale (dankbares Zulächeln) und verbal-additive Argumente (ihm das Wort erteilen) belohnt werden – und seine Verhaltensweise auch als sozial belohnt wahrnehmen, da seine Körperlichkeit diese Äußerungen als existentiell additiv interpretiert. Verhalten, das derart Belohnung erhalten hat, tritt in Zukunft wahrscheinlicher auf.

Es wird also die Körperlichkeit des Adressaten als Kraft genutzt, wenn durch Konditionieren rekonstruiert werden soll. Allerdings ist dies nur legitim, sofern der Adressat, wie im obigen Beispiel, zumindest anfangs ein kasuales Verhaltens-System ist – also eine rekonstruierende Wirkung seiner Vernunft als zweite Kraft in ihm in dieser Situation nicht hinreichend wahrscheinlich ist.

Es könnte trotzdem sein, daß er (als generelles Handlungs-System) seine Selbstbeherrschung bereits selbsttätig wiedergewonnen hat, also mittels einer Selbstrekonstruktion zur Einsicht gekommen ist. Dann wären Konditionierungsversuche nicht mehr gerechtfertigt. Von außen ist das nur schwer zu beurteilen. Wer daher ein generelles Handlungs-System zwecks Rekonstruktion konditioniert, hat sich der Kompromißhaftigkeit seines Vorgehens (der Approximation) besonders bewußt zu sein. Es ist so rasch wie möglich in das symmetrische Argumentieren zurückzukehren.

Auch die Verfahren der Löschung können dem Zwecke der Rekonstruktion durch Konditionieren dienen. Beachtet niemand in der Klasse die Grimassen des Klassenclowns, also einer Person, die gelegentlich eher sich verhält denn handelt, dann wird sein Verhalten durch soziale Aufmerksamkeit (sie zu bekommen, das ist ein Bedürfnis seiner Körperlichkeit) nicht verstärkt. Und was nicht verstärkt wird, tritt (wahrscheinlich) zunehmend weniger häufig auf. Es wird gelöscht.

Zwei Verfahren, die im Alltag der Rekonstruktion argumentierender Kommunikation breiten Raum einnehmen, sind ebenfalls mit dem Konditionieren verknüpft: „Zeitfaktor“ und „Raumfaktor“:

Ein Handlungs-System nutzt den „Zeitfaktor“, wenn es so lange vermeidet, auf den Adressaten einzuwirken, bis es feststellt, daß dieser wieder Argumenten zugänglich ist. Eine hinreichende theoretische Erklärung geben THOMPSON und GRABOWSKY (1976): „Auszeit“ bedeutet, daß für den Adressaten in diesem Zeitraum keine Verstärkung zu erlangen ist, was die Löschung des „Fehlverhaltens“ bewirken kann.

Ein Handlungs-System nutzt den „Raumfaktor“, wenn es das kasuale Verhaltens-System räumlich aus dem auf ihn dialektisch wirkenden Kräfte-System herauslöst. Es schlägt dem Adressaten beispielsweise vor, telefonisch (also nicht einander gegenüberstehend) über das Problem zu sprechen. Oder der Handlungsfähige nutzt und schafft spannungsarme Situationen, etwa eine gemeinsame Wanderung, die eine ruhige Aussprache ermöglichen. THOMAE (1973) sieht im physischen Herauslösen des Adressaten aus der belastenden, insgesamt dialektischen Situation, eine Form seiner natürlichen (in der Evolution bewährten) „Daseinsermöglichung“. Deshalb wirkt sie für die Körperlichkeit existenzsichernd und damit rekonstruierend. Für THOMPSON und GRABOWSKY (1976) bewegt sich der Adressat von einem Ort der Verstärkung zu einem Ort der Löschung des auffälligen Verhaltens. BOESCH (1971) sieht in einem Wechsel des Raumes eine Veränderung des psychologischen Ortes, die verhaltensselektive, d.h. verhaltenssteuernde Bedeutung hat. Räumliche Distanz zwischen dialektischer Kraft und Adressat wirken als Suspension oder Regulierung von Energien. Dies kann das Gleichgewicht zwischen Vernunft und Körperlichkeit wiederherstellen.

Konstruktion durch Konditionieren

Der Mensch wird als Verhaltens-System geboren. Im Kleinkind dominiert die Körperlichkeit, und es lernt daher zunächst hauptsächlich über Konditionierungen. Für seine Bezugspersonen ist aus diesem Grunde das Konditionieren eine Methode, die sie notwendigerweise anzuwenden haben, wenn sie die Entwicklung kommunizierender und produzierender Kompetenzen fördern wollen. Ziel der Hilfe soll die Fähigkeit des Adressaten sein, im inneren und äußeren Handeln selbst zu argumentieren.

Aus den vielfältigen Aspekten und Aufgaben, die sich hieraus für die Konstruktion durch konditionierende Maßnahmen ergeben, ist als besonders wichtig und auch einsichtig die Erziehung zur Gleichberechtigung herauszugreifen, also die Moralerziehung:

Kindern ist das Prinzip der Gleichberechtigung zunächst mit Hilfe von Konditionierungen zu vermitteln (die Gleichberechtigung dient dann der eigenen Existenzsicherung), später auch durch Argumente (die Gleichberechtigung leitet sich auch aus der Liebe zur Menschheit ab). STAUB (1982, S. 191) berichtet: „Zweifellos können verbale Anregungen, an anderen Kinder zu verschenken (verbales Argumentieren), und Lob für solch ein Verhalten (Konditionieren) diese Form prosozialen Verhaltens häufiger auftreten lassen.“

Physikalische und chemische Mittel

Definition: Das mutuelle Handlungs-System äußert seine Argumente nicht verbal, sondern versucht, gegen die Ideen oder Bedürfnisse des Adressaten, dessen Verhalten mit Hilfe chemischer und physikalischer Mittel zu steuern. Es nutzt hierzu die körperlichen Eigenschaften des Adressaten.

Auch das mutuelle Argumentieren nutzt die körperlichen Eigenschaften des Adressaten als Mittel, unter anderen seine Wahrnehmungsorgane. Es nutzt sie aber lediglich als Zugang zu seiner Vernunft, also als notwendiges Medium, sein inneres Argumentieren zu aktivieren. Dies gilt, abgestuft, auch für das Modellernen. Selbst beim Konditionieren hat der Adressat immer noch eine Chance, bewußt sich zu entziehen, sich zu verweigern.

Verwendet hingegen ein Handelnder gegenüber dem Adressaten chemisch-physikalische Kräfte, um unmittelbar dessen Körper zu erwünschtem Verhalten zu zwingen, entzieht er der Vernunft des Adressaten die Möglichkeit, auf die Wirkung Einfluß zu nehmen, sie zu überprüfen, sie zu verändern, also mit sich selbst zu argumentieren. Da es letztendlich aber um das Argumentieren in Gleichberechtigung geht, um dessen Konstruktion, Ausbau oder Rekonstruktion, ist offensichtlich, daß solche Maßnahmen grundsätzlich nicht gerechtfertigt sind.

Körperliche Strafen, Folter, Drogen und Medikamente gehören zu den hier gemeinten chemisch-physikalischen Mitteln. In der Konstruktion der Fähigkeit, mutuell zu argumentieren, sind sie als Methoden theoretisch nicht zu rechtfertigen, in der Rekonstruktion als Alltagshandeln ist die Verwendung physikalisch-chemischer Kräfte aber ein verbreitetes Verfahren: ein aufsässiges Kind wird geschlagen, körperliche Bedrohungen – in bester Absicht – hat wohl jeder schon erlebt. Solche Verfahren verletzen jedoch nicht nur die Menschenwürde, sondern sie bringen auch, unter dem Gesichtspunkt der Existenzsicherung, nicht restlos vorhersehbare Risiken mit sich. Außerdem zeigt sich, daß sie überwiegend verhaltensgesetzlich wirken, ohne die Vernunft als Wissens-System zu entwikkeln: Körperliche Strafen rekonstruieren häufig nur so lange, wie sie schmerzen oder der Strafende als Bedrohung anwesend ist (Reynolds 1968). Gegenüber problembedingten Verhaltens-Systemen wirken Medikamente, die beispielsweise ihre Angst reduzieren sollen, nicht zuverlässig. Sie wirken beispielsweise dann nicht – oder nur vorübergehend –, wenn reale äußerliche Bedrohungen existieren (Janke 1986).

Insgesamt läßt sich der Schluß ziehen, daß chemisch-physikalische Methoden als eigenständige Mittel der Konstruktion des Argumentierens bei entwicklungsbedingten generellen Verhaltens-Systemen (Kleinkindern) abzulehnen sind; ebenso bei der Rekonstruktion kasualer Verhaltens-Systeme zum Argumentieren hin. (Es geht hier nicht um physische Gewalt, die Adressaten gegebenenfalls ausüben, also produzieren, wo Gegengewalt als Verteidigung gerechtfertigt sein kann).

Etwas andere Maßstäbe gelten jedoch für therapeutische Verfahren, da hier die Verordnung einer unangenehmen, sogar schmerzenden Verhaltenskonsequenz oder die Verabreichung von Medikamenten, z.B. bei Patienten mit selbstdestruktivem Verhalten, bedingt gerechtfertigt sein kann. Allerdings bleiben auch ernste Zweifel: Die Nebenwirkungen sind noch wenig erforscht, die Mechanismen der Wirkung weitgehend unklar, Versuch und Irrtum sind übliche Vorgehensweisen bei Auswahl und Menge der verabreichten Mittel (WARBURTON 1975).

Ganz anders ist es aber zu bewerten, wenn chemisch-physikalische Kräfte genutzt werden, um Argumente zu veranschaulichen oder sie über Erfahrungen zu vermitteln: Bücher, Fernsehen, chemische Versuche beispielsweise. Es werden dann additive, die Vernunft des Adressaten fördernde Kräfte eingesetzt, nämlich das Produzieren und seine Produkte. Daher wird auf diesen Bereich, auf Medien in der Kommunikation, im anschließenden Kapitel ›Produzieren und Konsumieren als mutuelles Handeln‹ näher eingegangen.

Modell argumentierender Kommunikation

Das gerechtfertigte gute Leben ist das allgemeine, das umfassende Problem. Existentielles Handeln, als Kommunizieren oder Produzieren, befaßt sich daher mit Problemen und deren Lösungen.

Kommunizieren wird dem guten Leben am besten gerecht, wenn es argumentierend vorgeht. Sein Modell ist daher, wie dargelegt, als ein Kräfte-System zu entwerfen, das ermöglicht, Kommunizieren und Argumentieren miteinander zu verknüpfen. Die folgende Abbildung 13 zeigt dieses Modell zusammenfassend in seinen Grundzügen:

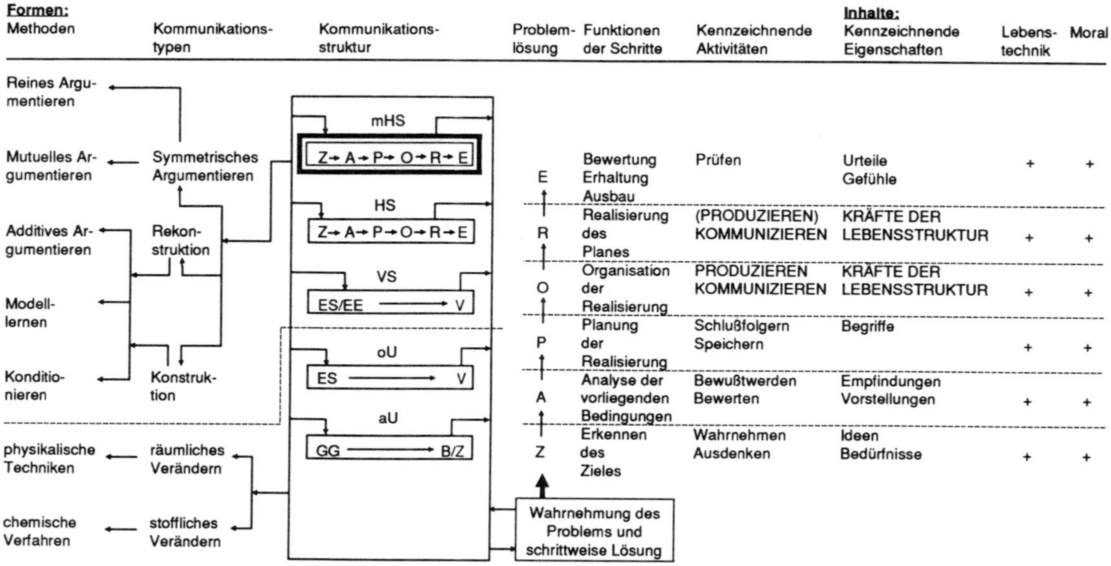

Abb. 13: Modell argumentierender Kommunikation. – Die Abbildung gibt die Perspektive eines mutuellen Handlungs-Systems wider (mHS, doppelt umrahmtes Rechteck), das durch Kommunizieren mit einem Adressaten ein gemeinsames Problem lösen will. (Die Abbildung wird im Text erläutert.)

Unter den denkbaren Standpunkten, von denen aus das Modell entworfen und abgebildet werden kann, ist jener ausgewählt worden, der allgemein für den Leser von Bedeutung ist: der Standpunkt und die Perspektive eines Handlungs-Systems, das im Mittelpunkt seiner Welt steht, und sie verstehen sowie durch Kommunizieren gestalten möchte.

Abbildung 13 folgt dieser Perspektive: Das mutuelle Handlungs-System (mHS, doppelt umrahmtes Rechteck) will durch Kommunizieren mit einem Adressaten ein gemeinsames Problem lösen. Dabei verwendet es problemgerechte Inhalte und kommunikationsgerechte Formen:

a) Die Formen argumentierender Kommunikation:

Zunächst wird das Problem wahrgenommen, dann beginnt die gemeinsame Lösung mit Hilfe der 6 Schritte (ZAPORE), wobei jeder Schritt durch Funktionen und funktionsgerechte Aktivitäten gekennzeichnet ist. Vom Adressaten hängt es ab, welche Methoden der Kommunikation angebracht sind. Ist der Adressat ein Handlungs-System (HS), kann auch er am Problem mittels der 6 Schritte des Handelns arbeiten. Das symmetrische Argumentieren ist dann der charakteristische Kommunikationstypus, das mutuelle Argumentieren die gerechtfertigte Methode. Das reine Argumentieren hingegen riskiert den Abbruch des gemeinsamen Handelns.

Stellt der Adressat ein Verhaltens-System (VS) dar, ist er zwar ebenfalls an Existenzsicherung und -erweiterung orientiert (ES/EE), äußert sich aber durch Verhalten (V). (Psychologische Theorien wie das Konditionieren beschreiben sein Kommunizieren als durch Stimulus und Reaktion gekennzeichnet; Reynolds 1968.) Die Rekonstruktion oder die Konstruktion seiner Fähigkeit, mutuell zu argumentieren, sind dann notwendige Kommunikationstypen. Unter den Methoden (additives Argumentieren, Modelllernen, Konditionieren) ist jene zu wählen, die dem mutuellen Argumentieren adressatengerecht am nächsten kommt.

Additive oder dialektische Bedingungen der Kommunikation gehören auch der organischen und anorganischen Umwelt an (oU und aU). Der Argumentierende kann sie als Medien nutzen; insofern steht er in produzierender Wechselwirkung mit Tieren und Pflanzen, mit deren Ziel Existenzsicherung (ES) und deren Verhalten (V), sowie mit der am Gleichgewicht (GG) der Kräfte orientierten toten Natur, was sich in Prozessen der Bindung und des Zerfalls auswirkt (B/Z). Dabei sind räumliche Veränderungen charakteristisch für physikalische Techniken und stoffliche chemische Verfahren. (In der Abbildung trennt eine gestrichelte Linie die Formen des Kommunizierens von den produzierenden Formen.)

b) Die Inhalte argumentierender Kommunikation:
Inhalte sind Elemente aus der Lebensstruktur, die unter den Gesichtspunkten der Lebenstechnik und der Moral zu bewerten sind. Durch die Kommunikation werden die Lebensstrukturen der Kommunizierenden miteinander verknüpft. Es werden Informationen ausgetauscht, die als wirkende „Eigenschaften" jeden Schritt kennzeichnen. Von Ideen und Bedürfnissen ausgehend, bilden sich die Kommunizierenden einen „Begriff" (Plan) von der Problemlösung und nach der Realisierung ein Urteil, das von Gefühlen begleitet ist.

Maßstab ist hierbei nicht allein die Lebenstechnik (Ist es machbar?), sondern auch der moralische Anspruch (Ist es gerechtfertigt?). Beides kann mit Hilfe der Prinzipien „Gleichberechtigung" und „Existenzsicherung" überprüft werden. Bei der schrittweisen Problemlösung wird also angestrebt, bei allen Teilproblemen ein lebenstechnisch wie moralisch positives Ergebnis zu erzielen, was in den zwei Spalten jeweils durch ein Pluszeichen (+) symbolisiert ist. In der Realität sind allerdings, wie in Kapitel 1 belegt, hier eher Kompromisse denn ideale Lösungen zu erwarten. Auch das argumentierende Kommunizieren bewirkt nur Approximationen.

8. Produzieren und Konsumieren

Äußeres Handeln geschieht als Kommunizieren oder als Produzieren. Wenn wir argumentierend kommunizieren, hat dies den Zweck, problemlösendes Wissen zu vermitteln oder auszutauschen. Wir verändern dadurch Kräfte-Systeme, die Wissens-Systeme sind.

Wenn wir hingegen produzieren, transformieren wir materiale Kräfte-Systeme, insbesondere solche der anorganischen oder organischen Umwelt. Wir versuchen, problemlösende Güter zu schaffen, zu nutzen oder zu verteilen, in einer Welt der grundsätzlich knappen Ressourcen.

Gemeinsames gutes Leben braucht das Kommunizieren wie das Produzieren. Wer daher denkend und kommunizierend arbeitet, also Wissen schafft und vermittelt, steht nicht über noch unter dem Produzierenden organischer oder anorganischer Güter. Der Produzierende lebt auch von den Ideen der Denkenden und Kommunizierenden, diese von den Produkten und von den Abgaben der Produzierenden. Beide Kräfte-Systeme, etwa als Berufs-Systeme, sind daher notwendige und gleichberechtigte Sub-Systeme im System des gemeinsamen guten Lebens.

Unsere Körperlichkeit hat sich aus der anorganischen und organischen Natur entwickelt und bleibt ein Teil von ihr. Aus diesem Grunde hat die Natur für uns eine herausragende existentielle Bedeutung, und das primäre Ziel der Behandlung der Natur besteht darin, durch vernunftgeleitetes Ordnen und Verändern sie in die Lebensstruktur des Menschen zu integrieren und sie mit dem Lebenskonzept abzustimmen. Die Landschaftsgestaltung ist ein gutes Beispiel: Wo Tiere, etwa Schlangen, das Leben bedrohen, bevorzugen die Menschen um ihre Häuser die weite freie Fläche. Bestehen solche Gefahren nicht mehr, bekommt die Existenzerweiterung ihren Spielraum, und der naturnahe Park gewinnt an Bedeutung. Immer aber, ob produzierend weg von der Natur oder zurück zur Natur, es geht um Existenzsicherung und -erweiterung.

	ZIELFINDUNG	ANALYSE	PLANUNG	ORGANI-SATION	REALI-SIERUNG	EVALUAT.
				-äußeres Handeln-		
	1.	2.	3.	(4.)	(5.)	6.
EIGEN-SCHAFTEN	Ideen Bedürfnisse	Empfin-dungen Vorstel-lungen	Begriffe	Material	Produkte	Urteile Gefühle
AKTIVI-TÄTEN	Wahrnehmen Erfinden	Bewußt-werden Bewerten	Schluß-folgern Speichern	Ausrichtung, Gestaltung günstiger Bedingungen	Produzie-ren	Prüfen

Abb. 14: Produzieren als Schritt einer Handlung. – Ist das innere Handeln auf die Veränderung der organischen oder anorganischen Umwelt ausgerichtet, sprechen wir von Produzieren, von seiner Vorbereitung oder Bewertung. Die Veränderung solcher Kräfte-Systeme ergibt Produkte. Güter sind Produkte, die durch die Transformation von organischen oder anorganischen Kräfte-Systemen in lebensdienlichere entstanden sind.

Das Produzieren verändert folglich geplant einen organischen oder anorganischen Iststand zielbezogen, so daß auch produzierendes Handeln durch sechs Schritte gekennzeichnet ist: Inneres Argumentieren bereitet durch die Schritte Zielfindung, Analyse, Planung das Produzieren vor und evaluiert mit dem 6. Schritt die Realisierung und das Produkt (s. Abb. 14).

Das ZAPORE-Modell gilt für jeden Teilschritt des Produzierens, denn jeder ist bereits eine Handlung. Daraus ergibt sich eine Feinstruktur des Produzierens (analog der Feinstruktur in der Selbstberatung und in der Kommunikation, s. auch Abb. 7), deren Leistung so beschrieben werden kann: Inneres Argumentieren bereitet den Prozeß des äußeren Produzierens nicht nur vor, es begleitet ihn auch steuernd und evaluiert schließlich seinen Verlauf sowie sein Ergebnis, das Produkt. Das Kommunizieren ergänzt hierbei das innere Argumentieren, so daß Abbildung 13 (argumentierende Kommunikation) sich als Teilabbildung in Abbildung 15 wiederfindet:

Diese Abbildung 15 gibt die Perspektive eines mutuellen Handlungs-Systems wider (mHS, doppelt umrahmtes Rechteck), das mit einem Adressaten ein gemeinsames Problem durch Produzieren lösen will. Beide haben dann sachgerechte Inhalte der Lebensstruk-

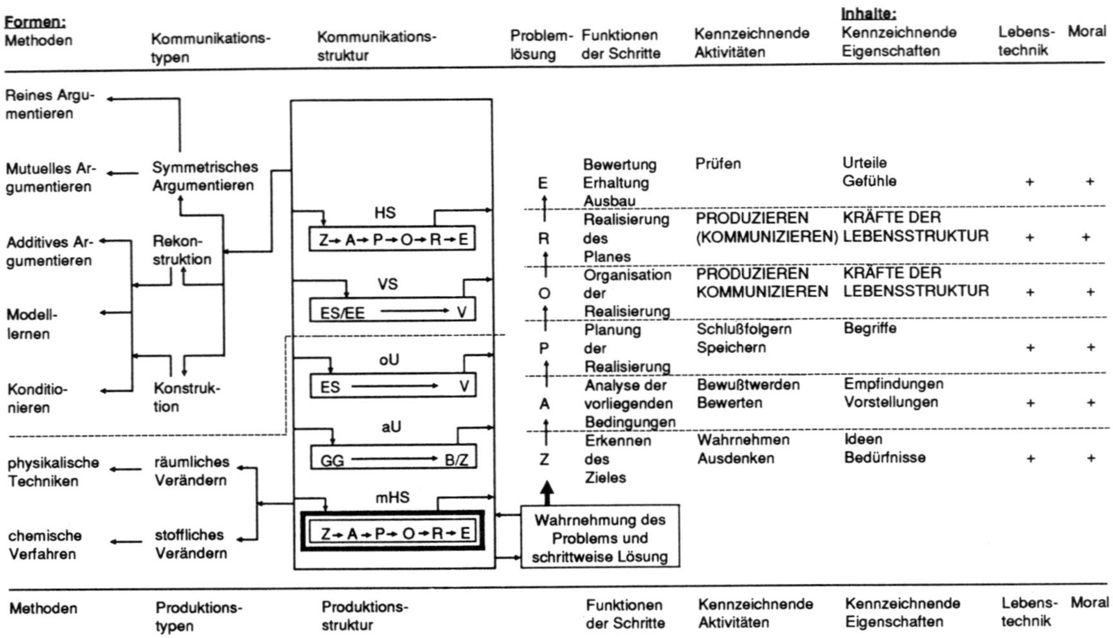

Abb. 15: Modell argumentgestützter Produktion. – Die Abbildung gibt die Perspektive eines mutuellen Handlungs-Systems wider (mHS, doppelt umrahmtes Rechteck), das mit einem Adressaten ein gemeinsames Problem durch Produzieren lösen will. (Die Abbildung wird im Text erläutert.)

turen als „Bausteine" des Produzierens zu verwenden, sowie produktionsgerechte Formen, die auch das Argumentieren als Mittel einsetzen:

a) Formen argumentgestützten Produzierens:
Da das Produzieren durch Argumente lebenstechnisch und moralisch zu rechtfertigen ist, also auch beim Produzieren die Formen der Kommunikation wichtig sind, wird die obere Hälfte der Abbildung durch das Modell argumentierender Kommunikation (Abb. 13) gebildet.

Der Schwerpunkt liegt aber jetzt, in Abbildung 15, auf der Gestaltung der organischen und anorganischen Umwelt durch räumliches oder stoffliches Verändern. (Die gestrichelte Linie trennt in der Abbildung in etwa das Kommunizieren von dem Produzieren.)

Im Vergleich zum Modell argumentierender Kommunikation (Abb. 13) ist die Perspektive inhaltlich also eine andere. Hieraus folgt auch eine andere Gewichtung der Methoden, die jetzt im Schwerpunkt physikalische Techniken und chemische Verfahren umfassen.

Die physikalischen Techniken stellen organische oder anorganische Kräfte problemlösend zur Verfügung, indem sie Tiere, Pflanzen und Gegenstände räumlich, im weiten Sinne verstanden, verändern (Wasserdampf treibt durch seinen Ausdehnungsdruck Maschinen, aber er bleibt Wasser, das ja ebenfalls Druck ausübt). Die chemischen Verfahren hingegen verändern stofflich, verändern Elemente und ihre Verbindungen qualitativ (Wasser wird in seine Elemente zerlegt, die einzeln wesentlich anders wirken als Wasser). Daher sind chemische Verfahren grundsätzlich existentiell riskanter als physikalische und haben aus diesem Grunde in der Hierarchie der gerechtfertigten Methoden hinter den physikalischen zurückzustehen.

b) Inhalte argumentgestützten Produzierens:
Die Inhalte sind im Schwerpunkt organische und anorganische Elemente aus der Lebensstruktur, deren Transformationen in Güter unter den Gesichtspunkten der Lebenstechnik und der Moral zu bewerten sind.

Durch das Produzieren werden die Lebensstrukturen der Kommunizierenden verändert. Es geht ihnen darum, Güter zu schaffen, wobei auch Informationen bewirkt und ausgetauscht werden. Und beides zusammen kennzeichnet als wirkende „Eigenschaften“ die 6 Schritte: Von Ideen und Bedürfnissen ausgehend, bilden die argumentgestützt Produzierenden sich einen „Begriff“ (Plan) von dem Produkt und nach dem Produzieren (Realisierung) ein Urteil, mit Hilfe des argumentierenden Kommunizierens, das von Gefühlen begleitet ist.

Unter Gesichtspunkten des Erwerbslebens ist das Produzieren auf den ersten Blick vor allem eine Angelegenheit der Techniker, der Ingenieure. Ihre Produktionstechniken sind hier nicht abzuhandeln, wohl aber die existentiellen Bedingungen, unter denen Produzierende und Konsumenten arbeiten und leben:

Mit dem Produzieren, mit seinen Wirkungen und Merkmalen, befassen sich konzeptuell die Wirtschaftswissenschaften. Gesellschaftsbezogenen Wirtschaftstheorien kommt daher besonderes Gewicht zu, insofern sie mit entscheiden, ob jedes Mitglied einer Gemeinschaft einen grundsätzlich gleichberechtigten Zugriff auf die beschränkten Ressourcen hat. Unter solchen wirtschaftswissenschaftlichen Ansätzen ist die Soziale Marktwirtschaft mit den Grundlagen des Existentiellen Handelns vereinbar. Als Konzept ist sie deshalb mit Hilfe der Prinzipien des mutuellen Handelns zu reflektieren und gegebenenfalls zu kritisieren. Ein Beispiel verdeutlicht schließlich, wie Soziale Marktwirtschaft menschengerecht weiter zu entwickeln ist.

Im Alltag begleiten und gestalten Produkte unser Leben. Sie sind additive oder dialektische Bedingungen unserer individuellen Entwicklung und Lebensqualität. Produkte und Geld als Tauschmittel zu besitzen – oder arm zu sein, das macht einen essentiellen Unterschied. Deshalb ist auch die Vermögenspädagogik als weiteres Thema einführend dargestellt.

Schließlich, auch um die Verknüpfung des Produzierens mit dem Kommunizieren exemplarisch aufzuzeigen, befassen wir uns mit dem Produzieren und den Produkten als „Medien“ unserer Entwicklung zur selbständig und gerechtfertigt handelnden Persönlichkeit. Es geht, anders ausgedrückt, um Erziehung und Bildung durch Organisieren und Realisieren organischer oder anorganischer Kräfte-Systeme.

Grundlagen und Kritik der Sozialen Marktwirtschaft

Produzieren dient dem gemeinsamen guten Leben, und es ist daher zu fragen, welche Merkmale das Produzieren und das Konsumieren aufzuweisen haben, um als Mittel des guten Lebens gelten zu können. Welche Bedingungen der Güterproduktion und der Güterkonsumtion sind menschengerecht, welche sind es nicht? Im Hinblick auf die Wechselwirkungen zwischen den Ebenen theoriegestützten Handelns des Menschen (Metatheorie, Theorien und Realität) ist es die Frage nach dem Wirtschafts-System der menschlichen Gemeinschaft, also nach einer Theorie des Produzierens und Konsumierens, sowie nach ihren Auswirkungen auf die Gesellschaften, auf die Institutionen und auf die einzelnen Menschen.

Ideales Produzieren

Die beste Voraussetzung für ein gerechtfertigtes Wirtschaftssystem bilden Teilnehmer, die alle ideale Handlungs-Systeme sind und entsprechend absolut gerechtfertigt produzieren und konsumieren. Dies entspricht aber nirgendwo gesellschaftlichen Realitäten, die vielmehr jeweils als Gemenge aus unkontrolliertem Verhalten und geprüftem Handeln zu charakterisieren sind. Wie es sich auch in allen anderen Bereichen des menschlichen Lebens zeigt, äußert sich wirtschaftlich eine größere oder kleinere Anzahl von Teilnehmern als kasuales oder generelles Verhaltens-System. Das Individuum, das in allen Situationen ein ideales Handlungs-System verkörpert, existiert nur gedanklich.

Trotzdem erfüllt dieses gedachte ideale Wirtschafts-Individuum als Modell eine existentiell notwendige Funktion. Es zeigt die Richtung, in die jede Wirtschaft sich entwickeln sollte. Daher wird hier zunächst versucht, den idealen Produzenten und den idealen Konsumenten (als reine Vernunftwesen) zum Maß zu nehmen, um dann auf die Einschränkungen einzugehen, die sich insbesondere aus den Eigenschaften und Aktivitäten der Körperlichkeit ergeben.

Die idealen Produzenten wären Handlungs-Systeme, die als Subjekte produzieren. Sie sind also aktive Kräfte, und es genügt für sie nicht, nur zugänglich gegenüber Argumenten zu sein, sondern sie sind fähig, in allen Kategorien des Produzierens und des Konsumierens sowohl technisch wie auch moralisch richtig zu wirken: sie sind umfassend argumentationsfähig und absolut produktionsfähig. So verwirklicht sich, indem er Güter herstellt, der ideale Produzent nach Marx (1844) gleich vierfach:

Er verwirklicht sich (1) im Produzieren lebenstechnisch als Individuum: In seinem Produkt entfaltet und verwirklicht er seine eigene Persönlichkeit.

Er verwirklicht sich (2) moralisch, indem er den Konsumenten seines Produktes in absoluter Gleichheit anerkennt: Der Produzierende entfaltet sich als ideales Mitglied der Gemeinschaft, als „Gattungswesen".

Er verwirklicht sich (3), indem er die Entfaltung des Konsumenten als Individuum wie seine eigene unterstützt.

Er verwirklicht sich (4), indem er durch sein Produkt hilft, auch den Konsumenten als „Gattungswesen" zu entfalten, da er ihn über den Erwerb und durch den Konsum seines Produktes auf sich, den Produzenten bezieht.

Es gilt umgekehrt für den idealen Konsumenten: Durch den Konsum entwickelt er sich als Individuum, aber auch als Gattungswesen, da er sich im Konsumieren bewußt auf den Produzenten bezieht und diesen als gleich anerkennt. Durch den Erwerb des Produktes ermöglicht er den Produzenten, mit Hilfe des Gewinns weiter zu produzieren und auch selbst Produkte zu erwerben und zu konsumieren, sich also als Gattungswesen und Individuum zu entfalten.

Produzieren als menschliches Handeln

Der ideale Produzent und der ideale Konsument ergänzen sich gegenseitig in absoluter Gleichheit. Als Ideal-Modell ist dies zwar vorstellbar, aber die Körperlichkeit des Menschen schränkt die Gleichheit der Menschen untereinander wesentlich ein, und zwar in zumindest dreifacher Weise:

Es ist „letzte Realität" (Parsons 1966), daß Menschen als Organismen nur eine beschränkte Zeit leben und nur begrenzt lernfähig sind. In modernen Gesellschaften können daher die umfassenden existentiellen Bedürfnisse der Menschen (vgl. die ›Lebensstruktur‹) von Menschen nur spezialisiert und arbeitsteilig befriedigt werden. Gemessen am Gesamt der Anforderungen ist jeder einzelne mehr oder weniger unvollkommen und in seinen Handlungen behindert, so daß es ihm nicht möglich ist, in allen Bereichen der Produktion und der Konsumtion gleich kompetent und gleich handlungsfähig zu sein. Er hat sich daher, insbesondere beruflich, für einen Ausschnitt aus dem Gesamten der Lebensstruktur zu entscheiden. Die Ausschnitte gelten aber als von ungleichem Wert für das Leben der anderen: Arzt oder Anstreicher, beiden Berufen wird nicht die gleiche existentielle Bedeutung zugemessen, und sie werden von der Gemeinschaft daher ungleich belohnt.

Unterschiedliche Berufe haben unterschiedliche existentielle Bedeutung, und dies steht unter der Perspektive der „Lebenstechnik" zur Gleichheit in grundsätzlichem Gegensatz. Aus der existentiell gegebenen Ungleichheit entsteht schon aus diesem Grunde die Forderung nach moralisch begründeter Gleichberechtigung. Des weiteren: Der einzelne kann auch von seinen individuellen Merkmalen her besonders produktionsbehindert sein, als Kind, Kranker, als alter Mensch. Er ist dann auch mit größter Anstrengung und unter größtem Druck nicht in der Lage, genug tauschfähige, marktgerechte Güter zu produzieren. Es ist daher davon auszugehen, daß die rigorose Durchsetzung des wirtschaftlichen Ideals – Konsumieren und Produzieren in Gleichheit – bereits aus diesen individuellen, „technischen" Gründen zu Produktionsstörungen führen würde, die die Existenz der Menschen gefährdeten.

Hinzu kommt schließlich, daß aus evolutionären Gründen das Prinzip Existenzsicherung mit dem Prinzip Eigennutz verknüpft ist: Wer für sein eigenes genetisches Material sorgt, besitzt als Organismus die besten existentiellen Chancen. Der Eigennutz hat ja auf diese Weise, zumindest solange der Mensch noch Tier war, die Menschheit hervorgebracht.

Vom Standpunkt der Körperlichkeit eines Individuums aus interpretiert, ist der Eigennutz die wesentliche Kraft, der Motor des Verhaltens, die Quelle von Genuß und Freude, der natürliche Prüfstein für positive oder negative Wirkungen. Vom Standpunkt der Gattung, der Menschheit interpretiert, ist der Eigennutz hingegen nicht nur Grundlage des guten Lebens der einzelnen, sondern zugleich ein Hindernis für das gemeinsame Leben, das gut für alle sein soll. Als mutuelles Gattungswesen zu leben, heißt daher, alle anderen Menschen als gleichberechtigt anzuerkennen und das eigene Verhalten daran auszurichten. Dann hat das Individuum sich in vielem zu beschränken, auf Ressourcen zugunsten der Mitmenschen zu verzichten.

Wirtschaft ohne Eigennutz?

Das ideale Produzieren und Konsumieren wird also durch zumindest drei Eigenschaften des evolutionär gewordenen Menschen eingeschränkt: durch seine begrenzte Lebenszeit, durch die Merkmale und den Verlauf seines Lebens, durch den evolutionär erworbenen Eigennutz. Wenn dem so ist, kann sich dann eine Volkswirtschaft das ideale Produzieren zur bestimmenden Grundlage setzen?

Insbesondere der Eigennutz ist eine starke und überdauernde Kraft im Verhalten und bleibt, wie die allgemeine Erfahrung lehrt, trotz aller Erziehungsbemühungen hin zur Gleichberechtigung, eine dominierende im menschlichen Handeln. Die idealen Wechselwirkungen zwischen Produzent und Konsument berücksichtigen den individuellen Eigennutz nicht, und ein nur aus diesem Ideal abgeleitetes Wirtschaftssystem muß sich aus diesem Grunde als unrealistisch erweisen. (Als Marx vor 1850 das Menschenbild seiner Philosophie entwarf, das Bild von einem seinem Wesen nach uneigennützigen Menschen, hatte Darwin – 1859 – die Evolutionstheorie noch nicht veröffentlicht.) Indem dieses Ideal eine wesentliche Kraft der Zielerreichung ausklammert, die eigennützige Körperlichkeit als Antrieb des Produzierens, müssen die dann tatsächlich erreichten Ziele von denen aufgrund des idealen Modells erwarteten wesentlich abweichen. Wird dann versucht, Modellgerechtes zu erzwingen, führt dies, wie die geschichtlichen Erfahrungen mit der sozialen Planwirtschaft, insbesondere mit dem planwirtschaftlichen Kommunismus des 20. Jahrhunderts zeigen, hochwahrscheinlich zu unerträglichen Einschränkungen individueller Freiheit, zu sinkender Arbeitsmotivation, Fluchtbewegungen, sogar zur Kriminalisierung, wenn die Menschen keine anderen Möglichkeiten zur Befriedigung ihrer Bedürfnisse finden.

Wirtschaft gleich Eigennutz?

Genausowenig menschengerecht ist auch das andere Extrem, die reine Marktwirtschaft. Indem sie das der Existenzsicherung zuzuordnende Prinzip Eigennutz als einzigen Prüfstein legalisiert, die Gleichberechtigung wirtschaftswissenschaftlich ausklammert, verführt sie letztlich zur Herrschaft der Gebildeten und Produktionsfähigen über die Ungebildeten und Schwachen. Werden die Produzierenden, wie es in einer arbeitsteiligen reinen Marktwirtschaft nur folgerichtig und legitim ist, als zahlenmäßige Mehrheit von der Minderheit der Hochleistungsfähigen als bloße Produktionsfaktoren (-mittel) bestimmt und auf diese Weise auf ihre Existenzsicherung beschränkt, sind sie, obwohl potentielle Handlungs-Systeme, als quasi generelle Verhaltens-Systeme festgeschrieben und durch produktionsgerechte Ausrichtung (Reduzierung) ihrer Bildung als grundsätzlich benachteiligt festgelegt (SAMUELSON 1985): Als Produzierende handeln sie nicht selbstverantwortlich, als Produzierende und Konsumenten fehlt ihnen die Einsicht in die Zusammenhänge in die (beispielsweise ökologischen) Auswirkungen ihres Verhaltens.

Dabei sind die Ergebnisse der reinen Marktwirtschaft unter dem Gesichtspunkt der Entwicklung einer Gemeinschaft auf den ersten Blick und von außen, wenn nicht jedes einzelne Mitglied gesehen wird, durchaus attraktiv: Weil die evolutionsbedingte Natur des Menschen in sein Produzieren als starke Kraft, als Motor den Eigennutz einbringt, nimmt er seine eigene Existenzsicherung und -erweiterung zum Maß, und produziert aus eigenem Antrieb nicht nur so viel, wie er zum eigenen Leben braucht, sondern mehr, wobei er seine Produkte auf dem „Markt" gegen andere Güter, die er besitzen oder verbrauchen will, eintauscht.

Wird dies gefördert, so gehören zu einem solchen Konzept folgerichtig die Institution des Eigentums und, damit zusammenhängend, ein dem Eigennutz und dem Wettbewerb verpflichtetes normatives System, das die Herstellung, den Erwerb, die Verfügung, die Kontrolle und die Verwendung von Gütern möglichst offen reguliert. Privateigentum, Gewerbe-, Vertrags- und Koalitionsfreiheit gelten als unverzichtbare Vorbedingungen erfolgreicher Marktwirtschaft. Zu diesen gehört auch die zentrale Rolle des Geldes als symbolisches Tauschmedium im freien Marktgeschehen (PARSONS 1980).

Entscheidend für den quantitativen Erfolg dieser reinen Marktwirtschaft ist, nach MÜLLER-ARMACK (1946), die strenge Hinordnung der Wirtschaftsvorgänge auf den Konsum, auf die Bedürfnisse des Konsumenten und seine besondere Bedarfsrichtung. Die dem Konsumenten zur Verfügung stehende Kaufkraft ist selbst wieder der Ausdruck seiner im marktwirtschaftlichen Austausch anerkannten produktiven Vorleistung. Damit schafft die Marktwirtschaft eine höchste Interessiertheit aller beteiligten Kräfte und führt sie zu einem, von ihrer Natur gewollten und geförderten, produktions- und konsumorientierten Kräfte-System zusammen. Insgesamt, schreibt Müller-Armack (1946, S. 131), müssen wir als sozialpolitischen Gewinn „von vornherein die größere wirtschaftliche Ergiebigkeit der Marktwirtschaft buchen".

Die Marktwirtschaft ist auch deshalb erfolgreich, weil in ihr Wettbewerb im Produzieren und Begrenztheit der Kaufkraft kennzeichnend sind. Das Konkurrenzsystem der Marktwirtschaft erzwingt höchste Leistungen, die Begrenztheit der Kaufkraft zwingt jeden Konsumenten, eine sorgfältige Auswahl seiner Bedürfnisse vorzunehmen. Denn ganz allgemein ist zu unterstellen, daß die Konsumenten einen möglichst hohen Nutzen, die Produzierenden einen möglichst großen Gewinn erzielen wollen (Siebert 1989).

Da die reine Marktwirtschaft der eigennützigen Natur des Menschen entgegenkommt, sie als Motivationsgrundlage und Motor nutzt, ist es nicht erstaunlich, daß Anhänger ihre Erfolge herausstellen, sachliche Kritiker diese nicht bestreiten:

Marktwirtschaft stützt sich auf den individuellen Eigennutz und fördert dadurch den Individualismus. Und dieser Individualismus ist für Keynes (1936, S. 320) „die beste Gewähr der persönlichen Freiheit" und „die beste Gewähr für die Vielseitigkeit des Lebens".

Hochentwickelte Technik verlangt hochentwickelte, kreative Bildung, entwickelt also nicht nur die praktische, sondern auch die reine Vernunft. In marktwirtschaftlich geleiteten Gesellschaften wächst daher auch das moralisch-kritische Potential, folgerichtig zunächst an den Hochschulen, wie studentische Protestbewegungen in den Ländern der Dritten Welt zeigen. Krassin (1989), der über die Marktwirtschaft auf dem Hintergrund seiner Erfahrungen mit der sowjetischen Planwirtschaft urteilt, hebt daher solche Wirkungen hervor:

- Fähigkeit zum Wandel in den technischen Grundlagen der Produktion,
- Förderung der unternehmerischen Initiative,
- Ausbildung von Produktionsarbeitern, die hochqualifiziert sind, engagiert im Streben nach demokratischer Freiheit, mit großem Interesse für die Entwicklung ihrer Persönlichkeit und die geistige Reichhaltigkeit des Lebens.

Diese Wertungen mögen zu positiv ausfallen, durch die Absicht, in der Sowjetunion für das System des Westens zu werben, doch ist auch zu sehen, daß KRASSIN die Realitäten in marktwirtschaftlich orientierten Ländern schildern will. In deren Realität – und in der Realität überhaupt – existiert aber keine reine Marktwirtschaft. Genausowenig wie es die reine Vernunft gibt, diese nur als Bestreben vorhanden ist, so wenig existiert unter vernunftgeprägten Menschen irgendwo der reine Eigennutz der Körperlichkeit. KRASSIN urteilt daher eher über eine Realität, die als mehr oder weniger bewußt moralisch geprägte Marktwirtschaft zu kennzeichnen ist. Als bewußtes wirtschaftswissenschaftliches Konzept (als „Soziale Marktwirtschaft") wird sie im weiteren noch näher erörtert werden, hier ist zunächst vorbereitend nochmals zu thematisieren, welche negativen Konsequenzen eine überzogene, da reine Orientierung am Markt und an der Marktfähigkeit haben muß:

Je stärker ein Wirtschaftssystem am Eigennutz orientiert ist, um so wichtiger ist die Marktfähigkeit des Individuums. Wer aufgrund seiner Merkmale produzieren kann, wer Kaufkraft besitzt, hat die besten Chancen, eigenes gutes Leben zu verwirklichen. Diese Marktfähigkeit ist aber nicht angeboren, sondern weitgehend erlernt. Ein Kind, das in eine Familie geboren wird, die Produktionskraft, Kaufkraft und Lernchancen besitzt und als fördernde Kräfte ihm anbieten kann, wird mit höherer Wahrscheinlichkeit marktfähig werden als andere Kinder, die diese günstigen Bedingungen nicht vorfinden und auch nur beschränkt aufbauen können. „Neben Kindheitseinflüssen", zieht SAMUELSON (1985, S. 506) ein Fazit, „stellte seit eh und je eine mangelhafte Erziehung (Bildung) eine der größten Hürden auf dem Weg zur Gleichheit dar".

Ein Ergebnis dieser ungleichen Chancenverteilung sind Klassen oder auch Schichtungen. In der arbeitsteiligen Gesellschaft führt mangelhafte Ausbildung mit hoher Wahrscheinlichkeit in Berufe, die nur geringe soziale Anerkennung finden und nur geringe Chancen der menschengerechten Verwirklichung bieten. Daß Alte, Kranke, Kinder, Lernbehinderte nicht ausreichend marktfähig sein können, also der Hilfe durch die Gemeinschaft bedürfen (der Eigennutz hierzu aber eine dialektische Kraft ist), dies rundet die Schlußfolgerung ab, daß reine Marktwirtschaft als System nicht wünschenswert sein kann. „Es war ein folgenschwerer Fehler des wirtschaftlichen Liberalismus, die marktwirtschaftliche Verteilung schon schlechthin als sozial und politisch befriedigend anzusehen" (MÜLLER-ARMACK 1946, S. 106).

Wirtschaft gleich Eigennutz und Gleichberechtigung

Das mutuelle Handeln hat zur Grundlage die Gleichberechtigung aller und zugleich den individuellen, eigennützigen Anspruch auf Existenz. Als Modell basiert es auf dem vernünftigen Eigennutz, auf vernunftgeprüftem Verhalten, dessen potentiell eigennützige Ziele so weit wie nur möglich dem Ideal der Gleichberechtigung angenähert sind. Es ist also ein Modell, das Kompromisse zwischen den Ansprüchen der Vernunft und denen der Körperlichkeit zur Voraussetzung hat und grundsätzlich auch nur Kompromisse (Approximationen) hervorbringt. Dadurch ist es aber in der Lage, nicht nur, wie das reine Ideal, die Richtung anzuzeigen, in die Wirtschaftssysteme, vom Eigennutz ausgehend, zu denken haben. Das Modell stellt auch das individuell wie sozial notwendige Basisinstrumentarium – die „Prüfsteine" Existenzsicherung und Gleichberechtigung –, um konkrete wirtschaftliche Sachverhalte menschengerecht bewerten und mutuell gerechtfertigte Ziele bestimmen und realisieren zu können. Unter den Wirtschaftskonzepten steht ihm daher die Soziale Marktwirtschaft nahe, da diese als Marktwirtschaft den Eigennutz, als sozial ausgerichtetes System die Gleichberechtigung berücksichtigen will.

Soziale Marktwirtschaft

Aus der Kritik an den Mißerfolgen der sozialen Planwirtschaft und an den genannten Fehlwirkungen der reinen Marktwirtschaft entstand das Konzept der „Sozialen Marktwirtschaft". In der Bundesrepublik Deutschland wurde es vor allem durch Ludwig Erhard politisch durchgesetzt, wobei er sich auf die Entwürfe seines Mitarbeiters A. Müller-Armack (1946) stützte. Dessen Kernargumente sind hier zusammengefaßt wiedergegeben:

- Es ist unmöglich, sich wirtschaftspolitisch für eine Lösung zu entscheiden, die den zentralen geistigen Werten, für die man sich einsetzt, widerspricht.
- Es geht darum, die marktwirtschaftliche Ordnung auf ihre Vereinbarkeit mit jenen wirtschaftlichen und sozialpolitischen Zielen zu überprüfen, die wir heute zum Grundbestand der staatlichen Gesinnung rechnen.
- Solche neue Formen erwachsen nicht aus dem individuellen Einfall. Sie können nur aus einer geistigen Zusammenarbeit her-

vorgehen, deren Voraussetzung wieder ist, daß wir den Weg zu einer wirtschaftspolitischen Synthese beschreiten.

– Wir sprechen von „Sozialer Marktwirtschaft“, um diese dritte wirtschaftspolitische Form zu kennzeichnen. Es bedeutet dies, daß uns die Marktwirtschaft notwendig als das tragende Gerüst der künftigen Wirtschaftsordnung erscheint, nur daß dies eben keine sich selbst überlassene, liberale Marktwirtschaft, sondern eine bewußt gesteuerte, und zwar sozial gesteuerte Marktwirtschaft sein soll.

Die unterschiedliche Marktfähigkeit der Individuen führt in der Marktwirtschaft zu Einkommensverschiedenheiten, die für Müller-Armack (1946) unter dem Gesichtspunkt der Gleichberechtigung „unerwünscht“ sind, weshalb er eine „Einkommensumleitung“ für notwendig erachtet:

– Wenn auf dem Weg der Besteuerung die höheren Einkommen gekürzt und die einlaufenden Beträge etwa in Form von direkten Kinderbeihilfen, Mietzuschüssen, Wohnungsbauzuschüssen weitergeleitet werden, liegt geradezu der Idealfall eines marktgerechten Eingriffes vor.
– Insgesamt bedeutet Marktwirtschaft in keiner Weise den Verzicht auf eine wirksame Sozialpolitik. In der allgemeinen Produktivitätssteigerung der Wirtschaft, in der Verbindung der Menschen mit dem Besitz, in der Pflege von Eigenheim und Kleinsiedlung, in der marktwirtschaftlich durchaus möglichen Sicherung handwerklicher und kleinunternehmerischer Existenzen liegen Möglichkeiten der Sozialpolitik, die auf die Dauer ein besseres Fundament für eine künftige Sozialordnung errichten, als es die (planungswirtschaftlichen oder rein marktwirtschaftlichen) Maßnahmen der Vergangenheit taten.

Das Konzept der Sozialen Marktwirtschaft hat sich offensichtlich im internationalen Vergleich bewährt, gerade weil es nüchtern auf Eigennutz aufbaut, aber die Gleichberechtigung mit berücksichtigt. Allerdings weist seine Realisierung unter dem Gesichtspunkt des mutuellen Handelns trotzdem auffällige Defizite auf. Insbesondere hat sich die optimistische Erwartung von Müller-Armack (1946, S. 84) bis heute noch nicht erfüllen können: „Wo in ihr noch private Übermacht weiterhin möglich ist, ist es Aufgabe einer zum Sozialen hin modifizierten Marktwirtschaft, auch diese noch zu beseitigen.“

Mutuelle Weiterentwicklung der Sozialen Marktwirtschaft

Die Soziale Marktwirtschaft, wie sie Müller-Armack (1946) entwarf, hat konzeptuelle Schwächen, die sich mit dem Eigennutz der die Soziale Marktwirtschaft umsetzenden Individuen leicht verknüpfen, zum Nachteile gemeinsamen guten Lebens:

Das Soziale beschränkt sich weitgehend auf Hilfen für die nicht oder unzureichend Marktfähigen. Die Merkmale des Produzierens und Konsumierens, ob sie mehr oder weniger menschenwürdig sind, werden nicht explizit thematisiert.

Es fehlt ein Programm, wie die grundsätzlich gegen die Gleichberechtigung gerichtete, sozial spaltende Trennung in Hand- und Kopfarbeit zu überwinden oder auch nur zu mildern ist. Ist die Bildung des Heranwachsenden vor allem auf seinen späteren Beruf in einer arbeitsteiligen Gesellschaft ausgerichtet, führt dies zur Ausbildung eines wahrscheinlich entweder eher geistig oder eher praktisch Informierten und Interessierten. In der Gemeinschaft finden sich dann Menschen, die in innerem und äußerem Handeln ausgebildet sind, und daneben Menschen, die im wesentlichen auf das Umsetzen der Ergebnisse des inneren Handelns anderer Menschen (der Leitenden) beschränkt werden. Von der umfassenden Kompetenz zu innerem und äußerem Handeln hängt aber weitgehend die Freiheit ab, wählen zu können, ob man zum Beispiel als Arbeitgeber oder als Arbeitnehmer tätig sein möchte, oder beides gleichzeitig sein will.

Schließlich steht eine Konzeption aus, die die Isolierung zwischen Produzierenden und Konsumierenden aufzuheben anstrebt, die ihnen damit eine größere Chance gibt, sich als Gattungswesen zu entfalten. Solange dies fehlt, kann nämlich die Wirtschaftswissenschaft inmitten einer real existierenden Sozialen Marktwirtschaft weiter unterstellen und postulieren, „daß die Haushalte einen möglichst hohen Nutzen und die Unternehmen einen möglichst hohen Gewinn erzielen wollen“ (Siebert 1989, S. 38). Die Produzierenden handeln so autonom – und nicht als Gattungswesen, die Konsumierenden ebenfalls.

Für das mutuelle Handeln gilt dagegen, daß ein gerechtfertigter unternehmerischer Gewinn immer auch gerechtfertigter Nutzen für die Konsumierenden bedeuten muß – und ein gerechtfertigter

Nutzen immer auch unternehmerischen Gewinn. Wird dies in der Wirtschaft und in der Wirtschaftswissenschaft nicht gesehen, steht sie außerhalb eines am Ganzen, am Allgemeinwohl orientierten Denkens. Die ökologischen Probleme in der Gesellschaft sind hierfür ein Beispiel. Aus der Kritik am Konzept und an der Realität der Sozialen Marktwirtschaft ergeben sich auch die Bereiche, in denen ihre Weiterentwicklung vordringlich notwendig und zu konzeptualisieren ist:

Die Soziale Marktwirtschaft sollte eine sie führende Wirtschaftswissenschaft entwickeln, die am mutuellen Nutzen und Gewinn orientiert ist, die Wirtschaft also als Handlungs-System, als ein System von Handelnden auffaßt, ob sie nun Produzierende oder Konsumierende sind. Konkreter heißt dies, daß jede wirtschaftswissenschaftliche Aussage und jede wirtschaftliche Handlung den beiden moralischen Prüfsteinen Existenzsicherung und Gleichberechtigung zu unterwerfen ist. Erst damit stellt sich die Wirtschaft tatsächlich in den Gesamtzusammenhang der Gesellschaft, „in eine übergreifende Lebensordnung" (Müller-Armack 1946, S. 106).

Die moralischen Grundprobleme: Unterschiedliche Lebenschancen durch die Trennung in Hand- und Kopfarbeiter, durch die Trennung in Arbeitgeber und Arbeitnehmer würden sich dadurch zwar in der arbeitsteiligen Gesellschaft nicht wie von alleine auflösen, doch wären die Richtungen gegeben, in die Entwicklungen der Gesellschaft sich bewegen sollten.

Keinem Menschen, der Handlungs-System ist, ist vorzuschreiben, ob er eher Hand- oder eher Kopfarbeiter zu sein hat, eher Arbeitgeber oder eher Arbeitnehmer. Es sollten aber wohl Bedingungen gefördert werden, insbesondere eine umfassende Bildung und eine begründete Moralerziehung für alle Mitglieder der Gemeinschaft, die solche Wahlen in etwa gleich attraktiv machen. Entscheidungen für einen für die Gemeinschaft wichtigen Beruf sollten nicht damit einhergehen, sich damit auch auf grundsätzlich größere oder kleinere Chancen festzulegen, gutes Leben zu erreichen.

Erstes Beispiel: Das ideale Unternehmen besteht nur aus Unternehmern!

In den Industriestaaten, in der Bundesrepublik Deutschland beispielsweise, akzeptieren Organisationen, welche die Interessen der Arbeitnehmer vertreten, die grundsätzliche Trennung in Arbeit und Kapital. Sie fordern lediglich die Mitbestimmung der Arbeitnehmer in den Aufsichts- und Verwaltungsorganen der Großindustrie, delegiert an die Gewerkschaften (DGB 1976), oder nennen als Ziel eine lebensfähige Partnerschaft zwischen Arbeitnehmern und Kapitaleignern (Katholische Arbeitnehmer-Bewegung [KAB] 1984).

Dies jedoch bedeutet ein Beharren auf der Spaltung der Bevölkerung in Unternehmer und Arbeitnehmer, zum grundsätzlichen Nachteil zumindest der Arbeitnehmer.

Die allgemein vorzufindende Trennung in Kapitaleigner und in Arbeitnehmer ist vor allem eine Folge des unkontrollierten Eigennutzes, wie er für Systeme der reinen Marktwirtschaft charakteristisch ist. Nicht zufällig sperren sich rein marktwirtschaftlich orientierte Kapitaleigner und Wissenschaftler (Siebert 1989) gegen die Integration der Moral in wirtschaftliche Konzepte und Organisationen; folgen sie doch damit ihrer Natur.

Wesentliche Wirkungen solchen bewußten oder dumpfen Eigennutzes sind unterschiedliche, die Mehrheit der Bevölkerung in Nachteil bringende Bildungs- und Lebenschancen. Die gesellschaftliche Entwicklung hat aber einen Stand erreicht, der Möglichkeiten enthält, diese harte Trennung und Gegenübersetzung von Kapital und Arbeit, ihr dialektisches Verhältnis also, aufzubrechen und die Kräfte Kapital und Arbeit schrittweise in den Menschen selbst zusammenzuführen, als zusammengehörige Merkmale jeder Person:

Ein Kräfte-System aus Personen und Produktionsmitteln, in dem die Personen arbeitsteilig, aber gleichberechtigt zusammenwirken, also produzieren, ist als ideales Unternehmen zu bezeichnen. Voraussetzung hierfür ist allerdings, daß die so produzierenden Personen entsprechende Qualifikationen besitzen, nämlich solche, die ihnen ermöglichen, gerechtfertigt, mutuell zu produzieren. Dies wird in der Realität nicht leicht möglich sein, aber es zeigt die Richtung, wenn es darum geht, Arbeitende auszubilden und Unternehmen arbeitergerecht zu konzipieren.

Der ideal ausgebildete Unternehmer hat ein produktions- und

marktbezogenes Gesamtkonzept, bereichsspezifische Konzepte (Einsatz der Mittel, Verhandlungswissen, Vermarktungswissen) und Realitätserfahrung. Dehnen wir diesen Begriff auf alle handelnd Produzierenden aus, entspricht er dem allgemeinen Idealbild der handlungsfähigen Persönlichkeit: Sie besitzt eine umfassende Metatheorie (Ebene 2), hat Bereichstheorien (Ebene 1) und Bereichspraxis (Ebene 0).

Das allgemeine Bildungswesen der Bundesrepublik Deutschland folgt diesem Menschenbild, und insbesondere an Hochschulen werden daher zukünftige Unternehmer und Arbeitnehmer bereits nach identischen Prinzipien ausgebildet. Diese Realität und das allgemeine Menschenbild zusammengenommen, das legt folglich nahe, jede Person zu unternehmerischem Handeln befähigen zu wollen, also jeder Person, die fähig und dazu willens ist, sowohl Arbeit wie auch Kapital zuzuordnen – sowie über Bildung und Erziehung die hierfür qualifizierenden Voraussetzungen zu schaffen. Daraus erschließt sich als Möglichkeit, wenn wir diese Überlegungen auf Unternehmen beziehen, das wirtschaftliche Leitbild:

Das ideale Unternehmen besteht nur aus Unternehmern!

Diese These ist keine revolutionäre Utopie, sondern eine innerhalb der Sozialen Marktwirtschaft bereits schrittweise, sozusagen evolutionär wachsende Realität, die nach organisierter Unterstützung verlangt. Arbeitnehmerbewegungen, zum Beispiel, sollten sich daher folgende Aufgaben zum Schwerpunkt setzen und damit ihren Beitrag zur Verwirklichung und Weiterentwicklung der Sozialen Marktwirtschaft innerhalb einer menschengerechten Gesellschaft leisten:

– Die Produktions- und Marktfähigkeit ihrer Mitglieder fördern. Bildungs- und Sozialisationsmaßnahmen haben insbesondere in der Absicht zu geschehen, unternehmerische Menschen in ihrer Entwicklung zu unterstützen.
– Die soziale Komponente der Marktwirtschaft ausbauen. Es geht nicht nur darum, die schwach Marktfähigen zu versorgen, sondern alle Produktionsmittel und Produktionsbedingungen haben dem mutuell handelnden Menschen gerecht zu werden.
– Bei der Entwicklung einer kompatiblen Wirtschaftswissenschaft mitwirken, die nicht nur den Eigennutz als wissenschaftlich gerechtfertigt ansieht, sondern sich Eigennutz wie Gleich-

berechtigung der Produzierenden und Konsumierenden zur Grundlage setzt.

Eine wesentliche Richtung der Entwicklung zeigte sich dann darin, daß Kapital und Arbeit nicht mehr Eigenschaften sich gegenüberstehender Gruppen bleiben, sondern jeder Arbeitende das Recht und die Chance hat, sowohl Kapital als auch Arbeitskraft zu besitzen – und beides in sein unternehmerisches Handeln einzubringen. Er ist dann ein arbeitender Unternehmer.

Aus diesen Gründen sollten sich Aktionen der Arbeitnehmerbewegungen auf den drei kennzeichnenden Ebenen des Handelns in folgender Art und Weise zeigen:

– gesellschaftspolitisch durch das Einwirken auf gesellschaftliche Rahmenbedingungen unter mutuellem Gesichtspunkt,
– unternehmenspolitisch als die Förderung von entsprechenden Unternehmenskonzepten und einzelnen Unternehmen,
– personenbezogen durch Ausbildung von arbeitenden Unternehmern.

Zweites Beispiel: Vermögenspädagogik

Funktion der Vermögenspädagogik, wie sie im weiteren skizzierend entworfen wird, ist die Unterstützung von Adressaten pädagogischen Handelns bei Aufbau, Verwaltung und Verwendung ihres privaten Vermögens. Unter Vermögen sind alle Güter verstanden, die geldwert sind, sich also in Geld tauschen lassen, insbesondere Sparguthaben, Zinspapiere, Aktien, Immobilien und Kunstobjekte.

Eine gedankliche Grundlage der Vermögenspädagogik ist das „Existentielle Handeln", dessen Aussagen, soweit sie für das gesetzte Thema besonders wichtig sind, hier kurz und anwendungsorientiert zu nennen sind:

Vermögen kann der eigenen wie der gemeinschaftlichen Existenzsicherung und Existenzerweiterung dienen. Die genannten Güter sind folglich existentielle Kräfte, sie sind – ganz allgemein gesagt – potentielle Kräfte des gemeinsamen guten Lebens. Es ist zunächst darzulegen, daß sich die Entwicklung dieser Kräfte und ihr gerechtfertigter Gebrauch auch im pädagogischen Feld als eine notwendige Aufgabe stellt.

Versuchen Pädagogen, Adressaten zu helfen, orientieren sie ihr Handeln mehr oder weniger bewußt an einem Menschenbild, auf das hin sie den Adressaten unterstützen wollen. Der existentiellen Vermögenspädagogik liegt dieses theoretische Leitbild zugrunde: Der Mensch als eine Persönlichkeit, die in der Lage ist, ihr Leben selbständig zu gestalten und ihre existenzbezogenen Probleme gerechtfertigt zu lösen.

Selbständig ist eine Persönlichkeit, wenn sie sich selbst lebensgerecht beraten kann sowie die Kompetenzen besitzt, die Ergebnisse ihrer Selbstberatung, die Entscheidungen, zu realisieren.

Gerechtfertigt handelt sie, wenn sie bei allen Entscheidungen und Realisierungen zwei Prüfkriterien berücksichtigt, die seit Kant (1785) das Verhalten aller Menschen moralisch leiten sollen:

1. Jeder Mensch hat ein Recht auf sichere Existenz.
2. Die Menschen sind untereinander gleichberechtigt.

Diese Prüfkriterien beziehen sich sowohl auf die geistigen wie auf die materiellen Mittel jeder Problemlösung. Geistige Mittel (Wissen) sind beiden Prüfkriterien aber leichter zu unterwerfen als materielle. Wissen ist grundsätzlich unbegrenzt teilungsfähig (mitteilbar), materielle Ressourcen dagegen nicht: sie sind nur beschränkt verfügbar und daher auch nur beschränkt teilbar. Materielle Güter zu besitzen oder sie nicht zu besitzen, dies schafft folglich besondere Probleme, hinsichtlich der Existenzsicherung und -erweiterung des einzelnen wie hinsichtlich der Gleichberechtigung zwischen den Menschen.

Die Pädagogik stellt sich bisher diesen Problemen des Eigentums an materiellen Gütern nur unzureichend. Die private Eigentumsbildung insbesondere, das zeigt eine Analyse pädagogischer Publikationen des letzten Jahrzehntes, ist ihr kein Thema. Die Erziehung lehrt zwar, fremdes Eigentum zu respektieren, aber nicht, wie eigenes aufzubauen, zu verwalten und zu nutzen ist. Die institutionalisierte „Schuldnerberatung“ will zwar Ratsuchenden helfen, aus ihrer Überschuldungssituation herauszukommen, doch versucht sie damit zu reparieren, was auch die Pädagogik versäumt hat zu bewirken: die Kompetenz des Adressaten, eigene materielle Ressourcen aufzubauen und mit ihnen gerechtfertigt umzugehen. Sieht die sozialpädagogische Schuldnerberatung die Ursachen von privater Überschuldung überwiegend im gesellschaftlichen Ursachenzusammenhang, hat sie sich daher auch ihrer eigenen Versäumnisse bewußt zu werden.

Stellt sich die Pädagogik dann den Problemen der privaten Eigentumsbildung, deren technischen und moralischen Fragen, so wird sie sich als Vermögenspädagogik begreifen: Vermögenspädagogik hilft Adressaten, privates Eigentum in gerechtfertigter Weise zu schaffen, zu erhalten und zu nutzen.

Eigennutz, Privateigentum und Moral

Welche Bedeutung hat privates Eigentum, haben eigene materielle Güter für den einzelnen Menschen? Seine Natur (seine Körperlichkeit) ist ein Ergebnis evolutionärer Entwicklungen. In der natürlichen Evolution haben aufgrund der Knappheit der Ressourcen auf Dauer nur jene Lebewesen und Arten überlebt, die eigene materielle Ressourcen besaßen und sie eigennützig verwendeten (WICKLER und SEIBT 1977). Daher, hochwahrscheinlich, verlangt auch die heutige Natur des Menschen nach eigenen materiellen Gütern.

Das universelle Streben des Menschen nach Privateigentum ist also eine starke und überdauernde Kraft seiner Natur, was sich nachteilig auf die vernunftbegründete Gleichberechtigung der Menschen untereinander auswirkt.

Doch motiviert primär das eigennützige Bedürfnis nach materiellen Ressourcen den einzelnen, wenn er Güter produziert: Er will sie selbst konsumieren oder gegen andere Güter tauschen. Solches Streben liegt daher auch dem Markt der materiellen Güter und seiner Konzeption, der Marktwirtschaft, zugrunde (SCHMÖLDERS 1969, CLAUPEIN 1990): Vor allem eigennütziges Produzieren zum Zwecke eigennützigen Konsumierens schafft die Güter, die verteilt werden können.

Paradiesisch ist dies nicht. Alle Versuche jedoch, mit Hilfe der Vernunft des Menschen sein naturgegebenes Bedürfnis nach Privateigentum zu überwinden, ob Urchristentum (NELL-BREUNING 1969) oder Karl MARX (1844): als gesellschaftliche Konzepte sind sie gescheitert. Der Mensch ist eine Ganzheit aus Natur und Vernunft (Geist), daher sind nur jene wirtschaftlichen Modelle als realistische Kompromisse brauchbar und wünschenswert, die lebenstechnisch den naturbegründeten Eigennutz akzeptieren, moralisch diesen aber mit der vernunftbegründeten Gleichberechtigung verknüpfen.

Die Soziale Marktwirtschaft (Müller-Armack 1946) ist ein solches Modell. Als Marktwirtschaft ist sie die gesellschaftliche Umsetzung des Eigennutzes, als sozial orientiertes System versucht sie, allerdings mühsam, der Gleichberechtigung der Menschen untereinander gerecht zu werden. Sie vermag daher in lebensgerechter Weise die Natur des Menschen mit seiner Vernunft zu verbinden, und aus diesem Grunde ist die existentielle Vermögenspädagogik innerhalb der Sozialen Marktwirtschaft zu entwerfen und zu realisieren.

Aufgaben der Vermögenspädagogik

Eigenes Vermögen zu bilden, dies wird mehr oder weniger gut gelingen. Es ist einmal von den Eigenschaften abhängig, die eine Person besitzt. Spontanen Maximen wirr zu folgen kann bei der Vermögensbildung den Ruin bedeuten. Eine vernunftgesteuerte Handlungsbereitschaft dagegen, die vor Realisierungen mit sich selbst zu Rate geht, sie ist ein existentiell positives Persönlichkeitsmerkmal, das pädagogisch zu fördern ist. Die Einführung in ein Modell der Selbstberatung gehört damit zu den Aufgaben der Vermögenspädagogik: Die eigenen Ziele zu bestimmen, sie lebenstechnisch wie moralisch zu prüfen, sie zu Leitmaximen zu bündeln, stetig wie auch flexibel nach ihnen zu handeln, das sind wünschenswerte Eigenschaften, die mit Geiz und Verschwendung wie mit Apathie und Spielleidenschaft unverträglich sind.

Eigenes Vermögen zu schaffen ist auch abhängig von der Informationslage. Wann lohnt es sich zu sparen, wann zu investieren? Wo sind die Chancen wesentlich geringer als die Risiken? Solche Informationen nur von Geldkaufleuten zu beziehen ist in einem Wirtschaftssystem, das am Gewinn orientiert ist, einseitig. Der Bankkaufmann lebt vom Gewinn seiner Bank, entsprechend sind auch seine Informationen gefärbt. Dagegen arbeiten Pädagogen im allgemeinen nicht gewinnbezogen, daher sind ihre Argumentationen wahrscheinlich adressatengerechter. Hat ein Adressat sich von verschiedenen Geldkaufleuten Vorschläge unterbreiten lassen, kann er sie mit Hilfe eines Pädagogen, wenn dieser sachkompetent ausgebildet ist, beurteilen – und sich dann erfolgversprechender entscheiden.

Vermögen sollte lebensgerecht genutzt werden. Als Vorsorge dient es der Existenzsicherung, der Erhaltung und dem Ausbau der

Lebensqualität, auch für den Ruhestand im Alter. Aber Vermögen hat einen ganzheitlichen Charakter. Das eigene Haus ist nicht nur Existenzsicherung, sondern auch Existenzerweiterung. Die Freude am Objekt ist ein Wert an sich. Herauszufinden, was finanziellen Gewinn und persönlichen Genuß verspricht, lebenskonzeptorientiert also Vermögen zu bilden, auch dies ist pädagogisch zu unterstützen.

Nur wer Vermögen besitzt, kann auch andere daran teilhaben lassen. Vermögen an die eigenen Nachkommen zu vererben, erklärt die Evolutionstheorie hinreichend als vor allem eigennützige Handlung. Für das Vermögen aber Steuern an die Gemeinschaft zu zahlen, das bedeutet bereits, sich an der Gleichberechtigung zu orientieren. Dies gilt auch für bewußt mäßig gehaltene finanzielle Forderungen an andere, bei Mieten beispielsweise, und offensichtlich für Spenden und Stiftungen. Eine solche soziale Ausrichtung des eigenen Vermögens ist ein Teilen mit anderen, mit Bedürftigen. Diese Haltung dem Adressaten zu vermitteln, zum Beispiel seine Steuerehrlichkeit zu unterstützen, ist eine essentiell pädagogische, eine erzieherische Aufgabe.

Wichtige Felder der Vermögenspädagogik

Privates Vermögen zu bilden, das leisten die Adressaten im Wirtschaftssystem der Sozialen Marktwirtschaft. Sie hat sich im internationalen Vergleich bewährt, gerade weil sie nüchtern auf Eigennutz aufbaut, aber die Gleichberechtigung mit berücksichtigt. Daher ist es angebracht, Vermögenspädagogik mit einer Einführung in die Bedingungen und Wirkungsweisen der Sozialen Marktwirtschaft zu beginnen. Die Schriften von MÜLLER-ARMACK (1946) geben hierzu einen guten Einblick in ihre sowohl erfahrungsgestützten wie philosophischen Grundlagen.

Mit Hilfe dieses Basiswissens wird es möglich, die Adressaten in die wichtigsten Bereiche der privaten Vermögensbildung (Sparen, Immobilien, Aktien) einzuführen und sie bei der Bildung ihres Vermögens helfend zu begleiten. Die Grundformen pädagogischen Handelns, nämlich Argumentieren, Modellernen und Konditionieren, stellen auch hier die Methoden des Pädagogen (BALTES 1991). Er vermittelt Wissen, indem er argumentiert, er zeigt an Modellen, wie man vorgehen könnte, er verstärkt das gerechtfertigte Handeln, versucht aber auch, lebenstechnisch oder moralisch ungerechtfertigtes Verhalten zu löschen. Arbeitet er mit Gruppen, wechseln sich Bildungsmaßnahmen, die allgemeine Informationen an die Gruppe vermitteln, mit Einzelberatungen ab, die individuelle Wahlen und Wege berücksichtigen können.

Von der erwähnten sozialpädagogischen Schuldnerberatung abgesehen, die nur Vermögensfehler zu beheben versucht, ist Vermögenspädagogik ein noch unbestelltes Feld. Informationen und Ratschläge zur privaten Vermögensbildung finden sich aber in zahlreichen Publikumszeitschriften. Im deutschsprachigen Raum sind ›Wirtschaftswoche‹, ›Manager-Magazin‹ und ›Capital‹ zu nennen. Aus ihnen insbesondere sind die folgenden regelhaften Ratschläge zu wichtigen Bereichen der privaten Vermögensbildung entnommen. Sie erheben keinen Anspruch auf Vollständigkeit, noch auf zeit- wie adressatenunabhängige Gültigkeit, sondern es kommt ihnen lediglich eine didaktische Pilotfunktion zu. Gedachte Adressaten sind Jugendliche oder junge Erwachsene, so daß sich die hier skizzierte praktische Vermögenspädagogik an grundsätzlich handlungsfähige Adressaten wendet: Der Pädagoge kann sich zurücknehmen, er beschränkt sich darauf, Informationen zu vermitteln, er argumentiert, die Selbstberatung des Adressaten anregend; der derart informierte Adressat aber setzt seine Ziele, entscheidet sich und übernimmt für die Realisierung die primäre Verantwortung.

Vermögensbildung durch Sparen

Sparen ist die gebräuchlichste Form der Vermögensbildung, aber auch die langsamste: Geldkaufleute sammeln Gelder von ihren Kunden, um sie hochverzinslich an Investoren auszuleihen. Da sie daran verdienen wollen, erhält der Sparer, der eigentliche Geldgeber, nur niedrige Zinsen. Will er später ein Haus bauen, ist es eine zeitgeschichtliche Erfahrung, daß die Zinsen, die er für sein Sparguthaben jährlich erhalten hat, nur die jährliche Steigerung der Baukosten ausgleichen, so daß er sein Vermögen durch Sparen also nicht vermehrt, sondern nur angesammelt und erhalten hat. Sparprämien und sonstige vermögenswirksame Leistungen mildern zwar diesen negativen Effekt, doch grundsätzlich ist zu empfehlen, möglichst bald in höher verzinsliche Wertpapiere zu wechseln oder das Guthaben in Aktien und Immobilien zu investieren.

Vermögensbildung durch Aktien

Marktwirtschaft braucht produzierende Unternehmen. Diese benötigen Geld für Investitionen. Ein Markt für dieses Geld ist die Börse.

An Aktiengesellschaften kann sich jeder beteiligen. Er nimmt dann an ihrer Entwicklung direkt teil, ohne daß, wie bei Sparbuch oder Investmentpapier, Geldkaufleute vorweg ihren Lohn und Gewinn abschöpfen.

Maß der Entwicklungsaussichten einer börsennotierten Gesellschaft ist der Aktienkurs. Er ist in der Regel das Ergebnis aller Informationen, die Investoren vorliegen. Allerdings: Es kommen täglich neue Informationen hinzu, positive oder negative. Der private Anleger ist, was seinen Informationsstand angeht, deshalb den institutionellen Anlegern (Banken, Versicherungen) grundsätzlich unterlegen. Darin liegen folgende Regeln begründet:

1. Investiere in Aktien hoher Qualität. Hohe Qualität bedeutet: Das Unternehmen ist sehr gut finanziert und hat ausgezeichnete Zukunftsaussichten.
2. Investiere regelmäßig den gleichen Geldbetrag in eine Aktie, unabhängig von ihrem Kurs.
3. Erwarte nie rasche Gewinne, sondern investiere langfristig, zumindest auf ein halbes Jahrzehnt hin.

Vermögensaufbau durch Immobilien

Grundstücke und Häuser werden dem existentiellen Anspruch des Besitzers besonders ganzheitlich gerecht. Sie bedeuten nicht nur gedanklich-abstrakte, sondern konkret-sinnenhafte Existenzsicherung wie -erweiterung.

Bebaute oder unbebaute Grundstücke sind nicht beliebig vermehrbar. Die wachsende Bevölkerungszahl und die wachsenden Ansprüche der Menschen an Wohnraum gehen daher in der Marktwirtschaft mit grundsätzlich steigender Nachfrage nach Grundstücken und entsprechenden Wertzuwächsen einher.

Zudem: Das Bauen ist arbeitsintensiv. Individuelle Ansprüche des Bauherren wie der Mieter erfordern individuelle Lösungen, widerstreben also der kostengünstigen Serienherstellung. Da die Löhne der Bauarbeiter steigen, steigen die Baukosten, damit jährlich auch der Wert bereits gebauter Häuser.

Bauen geht typischerweise mit Schulden einher. Während der Wert des Gebauten aber steigt, bleiben die Schulden gleich. Wer also statt Miete seine Hausschulden zurückzahlt, bildet in doppelter Weise eigenes Vermögen: Rückzahlungen und Wertsteigerung vergrößern den Unterschied zwischen Vermögen und Schulden mehr und mehr.

Eine unter den möglichen Strategien:

1. Am Anfang steht das Bilden von Eigenkapital durch Sparen. Festverzinsliche Wertpapiere sind ob ihrer guten Verzinsung zweckmäßig. Vermögensbildende Leistungen des Staates vergrößern die Sparwirkung.
2. Möglichst bald ist das Eigenkapital zu investieren. Ein preisgünstiger Altbau ist hierfür geeignet. Wird er nicht selbst bewohnt, lassen sich alle Kosten steuerlich geltend machen. Mieteinnahmen, Steuerersparnis und eigenes frei verfügbares Geld müssen aber ausreichen, die monatlichen Belastungen zu decken.
3. Kommt aus beruflichen und familiären Gründen der Zeitpunkt, in einem eigenen Haus wohnen zu sollen, kann der Altbau verkauft werden. Durch die Wertsteigerungen und die Abzahlungen der Schulden wird das so gebildete Eigenkapital jetzt wahrscheinlich ausreichen, das eigene Wunschhaus zu finanzieren.

Zusammenfassung

Die Soziale Marktwirtschaft ist unter den Wirtschaftskonzepten der grundsätzlich gelungene Versuch, sowohl den lebenstechnischen als auch moralischen Ansprüchen und Möglichkeiten des Menschen gerecht zu werden. Die Existentielle Vermögenspädagogik ist daher als ein Modell entworfen, das sich als Teil der Sozialen Marktwirtschaft versteht.

Die Funktion dieser Vermögenspädagogik besteht darin, Adressaten hinsichtlich ihres privaten Vermögens zu unterstützen. Durch Bildungs- und Beratungsmaßnahmen vermögen Pädagogen ihnen zu helfen, privates Eigentum in lebenstechnisch wie moralisch gerechtfertigter Weise zu bilden, zu erhalten und zu nutzen.

Als moralische Prüfsteine gelten hierbei das naturgegebene Prinzip der Existenzsicherung und das vernunftbegründete Prinzip der Gleichberechtigung aller Menschen untereinander. Zwar ist es in der Marktwirtschaft primär der evolutionsbedingte, existenzsichernde Eigennutz, der privates Vermögen hervorbringt, doch ist es eine Aufgabe gerade des Vermögenspädagogen, darauf hinzuwirken, daß die Adressaten sich auch der Gleichberechtigung verpflichtet sehen – und sozialverpflichtet agieren.

Wichtige Felder der privaten Vermögensbildung innerhalb der Sozialen Marktwirtschaft sind das Sparen, sind Zinspapiere, Aktien und Immobilien. Exemplarisch werden Strategien genannt, die in diesen Feldern dem Aufbau, der Erhaltung und dem gerechtfertigten Gebrauch von Vermögen dienen.

Drittes Beispiel: Naturgestützte Erziehung und Bildung

Wer handelt, produziert und kommuniziert zugleich; denn beides sind zwei Aspekte jeder Handlung. Auch der scheinbar ausschließlich mit dem Herstellen eines Bücherschrankes beschäftigte Schreiner kommuniziert – mit sich selbst: Das innere Argumentieren, hier das Entwerfen des Produktes und das Steuern des Produzierens, kann nämlich unter formalem Gesichtspunkt als Kommunizieren mit sich selbst beschrieben werden (vgl. BLUMER 1973), lediglich der primäre Zweck einer Handlung entscheidet also, ob wir von Kommunizieren oder von Produzieren sprechen.

Erziehung und Bildung sind zwar vor allem Ergebnisse von Kommunikationen (MOLLENHAUER 1972), doch wirken ebenfalls anorganische oder organische Produkte mit, da sich die Persönlichkeit durch Wechselwirkungen mit ihrer gesamten Umwelt entwickelt. Deren Substanzen (Kräfte) können folglich auch geplant als Mittel mutueller Erziehung und Bildung verwendet werden, so daß zu formulieren ist:

Neben den Grundformen von Erziehung und Bildung, dem Argumentieren, Modellernen und Konditionieren, steht stützend das Gestalten günstiger Umweltbedingungen. Diese umfassen erstens soziale Bedingungen (zum Beispiel: Bezugspersonen; siehe das System „Gemeinschaft“ in der Lebensstruktur, Abb. 4) und zweitens organische und anorganische Bedingungen (Tiere, Pflanzen, Gegenstände, Wohnverhältnisse; siehe das System Umwelt in der Lebensstruktur, Abb. 4). Letztere Kräfte-Systeme werden im folgenden als Mittel der Persönlichkeitsbildung näher erörtert.

Organische und anorganische Kräfte-Systeme als Mittel der Erziehung

Erziehung soll dem Adressaten helfen, den grundsätzlich gleichberechtigten Anspruch aller Menschen auf die beschränkten Ressourcen in jeder Handlung zu berücksichtigen. KANT (1785) geht von dieser Gleichberechtigung aus und zeigt mit dem Kategorischen Imperativ, wie sie bei konkreten Problemen umzusetzen ist. Da mit seiner Argumentation selbst die Wissenschaften Verständnisschwierigkeiten haben, gemeinhin wird in Publikationen der Kategorische Imperativ als inhaltsfrei und rein formal bezeichnet, wäre es wohl weitgehend wirkungslos, die Erziehung allein auf das verbale Vermitteln, also auf das Lehren des Kategorischen Imperativs zu beschränken. Gleichberechtigung verwirklicht und verinnerlicht sich am besten durch konkretes Handeln, durch das tatsächliche Teilen der Güter. Wer erzieht, sollte also Probleme nutzen, die in der Lebenswelt tatsächlich auftreten. Entwicklungspädagogisch reichen diese vom Aufteilen der Spielsachen zwischen Kindern, beispielsweise, bis hin zur Ausbildung einer sozialverpflichteten Einstellung bei Jugendlichen und Erwachsenen.

Jedes Problem hat einen moralischen Aspekt, daher erstrecken sich die erzieherischen Anlässe über die gesamte Lebensstruktur, eben auch auf den Umweltbereich, auf die organischen und anorganischen Kräfte. In der professionellen Erziehung findet sich ein gutes Beispiel im Konzept der naturgestützten Heimerziehung:

Zum Ziel „Berücksichtigung der Gleichberechtigung" gehört auch ein entwickeltes, den Eigennutz überwindendes Gefühlsleben, das die Bindung an andere, anfangs fremde Lebewesen zur ersten Voraussetzung hat. Da in Heimen soziale Bindungen erschwert sind (die Zusammensetzung einer Kindergruppe wechselt häufig, mehrere Erzieher lösen sich im Laufe der Woche ab), wird vorgeschlagen, jedem Heimkind ein eigenes Haustier anzuvertrauen, zu dem es nicht nur dauerhafte emotionale Bindungen aufbaut, sondern auch lernt, mit ihm manches zu teilen.

In der Therapie, ein weiteres Beispiel, sind die schlüssigsten Argumente gegen Alkoholismus und Drogen aus der Verpflichtung zur Gleichberechtigung abzuleiten: Als Kinder wollen alle Menschen, daß Erwachsene für sie produzieren. Deshalb hat jeder, wenn er selbst erwachsen und marktfähig ist, die Pflicht, für Kinder und Nicht-Marktfähige zu sorgen. Mit diesen Pflichten und Zielen sind aber Akoholismus und Drogenabhängigkeit nicht zu vereinbaren. Wer daher präventiv jene Ziele von Kindern fördert, die mit Alkoholismus unverträglich sind, etwa in seiner Gemeinde Tennisplätze initiiert, damit Kinder dort Leistungssport betreiben können, verfährt erzieherisch grundsätzlich richtig. Er schafft günstige anorganische Bedingungen der Erziehung.

Organische und anorganische Kräfte-Systeme als Mittel der Bildung

Werden Probleme und ihre Lösung erzieherisch genutzt, ergeben sich stets auch Bildungswirkungen, die lebenstechnische Kompetenz wird gefördert. Wer ein Stück Brot teilt, lernt dabei, mit dem Messer umzugehen. Überhaupt: nach PIAGET (1964) beginnt die lebenstechnische Entwicklung des Kleinkindes mit konkreten lebenswichtigen Operationen, die ihm als eigennützige Reflexe mitgegeben sind: Es saugt an der Brust der Mutter, am Daumen, schließlich an allen möglichen Gegenständen. Und mit dieser Ausweitung seiner Lebensstruktur geht seine geistige Entwicklung einher (vgl. Abb. 5). Hat das Kleinkind zunächst ein unbewußtes, argumentfreies Verhaltensprogramm, entwickelt sich im Kindesalter ein vorstellungsgestütztes Handlungspotential für die Gegenstände seiner Umwelt, später ein bewußtes, argumentgestütztes, das als Lebenskompetenz nicht nur von Reflexen und Vorstellungen, sondern auch von Begriffen, moralisch also von der Gleichberechtigung, geleitet sein kann. AEBLI (1983) hat aus diesen Erkenntnissen die Grundschritte der Bildung, also des Lernens von Lebenstechnik abgeleitet: Der Aufbau einer lebensdienlichen Operation (1), die Verinnerlichung und die Symbolisierung der Operation (2), die übende lebenspraktische Anwendung der Operation (3), das sind für ihn kennzeichnende Schritte, die je nach Entwicklungsstand des Kindes eher als konkretes Produzieren, eher vorstellungsgestützt oder eher als abstraktes Produzieren (inneres Argumentieren mit Hilfe von Begriffen) verlaufen.

In der Pädagogik nehmen anorganische Kräfte-Systeme in Kommunikationsmodellen auch einen eigenen Platz ein, nämlich als Medien der Bildung. Diese sollen, indem sie insbesondere abstrakte Stoffe adressatengerecht veranschaulichen, das Lehren und Lernen erleichtern. Als Medien werden sie vereinfachend, den Sinnesorganen folgend, in visuelle, taktile, auditive und audiovisuelle unterschieden. Für die Erwachsenenbildung beispielsweise zählt KAISER (1986) hierzu auf: Filme, Projektoren, Wandzeitung und Bildkartei.

Insgesamt ist allerdings anzumerken, daß den organischen und anorganischen Bedingungen der Bildung und Erziehung in der erziehungswissenschaftlichen Literatur und pädagogischen Praxis doch ein verhältnismäßig geringer Stellenwert zugemessen wird. Vielleicht wird aber die pädagogische Zukunft stärker darin bestehen, daß der Pädagoge sich zurücknimmt, sich primär als Gestalter günstiger Bedingungen der Persönlichkeitsentwicklung des Adressaten versteht, sozusagen als „Bedingungs-Manager“, denn als intervenierender „Erzieher“ oder „Lehrer“. Das pädagogische Leitbild sollte ja auch das Handeln des Pädagogen selbst leiten: Ziel der Erziehung ist ein Mensch, der seine Probleme selbständig lösen kann. Hierzu ist die Selbst-Erziehung und Selbst-Bildung des Adressaten, handelnd inmitten einer auch vom Pädagogen als Bedingungsgefüge gestalteten Lebensstruktur, eine folgerichtige Konzeption.

9. Modell einer kritischen Theorie des Alltags

Indem wir zurückblicken und zusammenfassen, kommen wir zu dem Urteil, daß eine kritische Theorie des Alltags entstanden ist, also keine beliebige Theorie, sondern ein Gedankengebäude, das sich bewußt auf das wirkliche wie auf das potentielle Leben der Menschen bezieht:

„Existentielles Handeln" hat zum Gegenstand die Wechselwirkungen zwischen der Realität des Menschen und seinen Visionen. Es beschreibt beides kritisch, zeigt aber auch Wege und Rüstzeug, die wirkenden Prozesse und ihre Ergebnisse zum gemeinsamen guten Leben hin zu verändern; denn der gute Alltag der Menschen ist sein Maß und daran ausgerichtetes theoriegestütztes Handeln sein Mittel.

Von Kant lernen wir, daß der menschliche Geist, als Vernunft, nicht nur fähig ist, mit Darwin die Realitäten des Lebens wahrzunehmen, sondern auch Konzepte zu entwerfen, diese Realitäten positiv zu beeinflussen. Der vernunftgeführte Mensch ist deshalb imstande, ein grundsätzlich besseres Leben zu finden und zu führen als es Tieren und Pflanzen möglich ist: ein individuell gestaltetes und trotzdem in der Gemeinschaft geborgenes Leben, da in der Welt des Menschen nicht, wie in der Natur, das Starke über das Schwache herrschen muß, sondern die Gleichberechtigung beim Zugriff auf die beschränkten Ressourcen die leitende Idee sein kann. Nicht Naturschutz ergibt sich daraus als Aufgabe für den Menschen (das hieße ja, blind auch jene evolutionären Prozesse zu fördern, die den Menschen gefährden), sondern eine in die natürliche Evolution eingreifende Selbst- und Umweltgestaltung.

Die Erfindung und Realisierung der Gleichberechtigung ist der moralische Eingriff des Menschen in die natürliche Evolution. Die Gleichberechtigung versucht, die Naturgesetze und den Zufall im Leben zurückzudrängen, sie setzt dadurch aber auch der intelligenzbegründeten Freiheit des Menschen die Grenzen. Doch diese vernunftbegründete Moral, prüfend mit Hilfe der Prinzipien Existenzsicherung und Gleichberechtigung, beschränkt das menschliche Handeln weit weniger als erwartet, sie bietet ihm sogar (im Vergleich zu Ansätzen, die von einem absoluten Wissen ausgehen und dieses Wissen vorschreiben möchten) bessere Chancen auf individuelle Lebensgestaltung, da sie sich darauf beschränkt, als Moral lediglich die Grenzen des existentiellen Relativismus zu bestimmen.

Selbst- und Umweltgestaltung brauchen Wissen. Das lebenstechnische Wissen zu lehren (Was ist technisch machbar?), ist Aufgabe der Bildung. Moralisches Wissen zu vermitteln (Was von dem Lebenstechnischen gehört zum gemeinsamen guten Leben der heutigen und zukünftigen Menschen?), das ist Aufgabe der Erziehung. Bildung und Erziehung dienen daher der Menschheit wie dem einzelnen Menschen: Aus sich dumpf Verhaltenden werden bewußt Handelnde. Wo hingegen Bildung und Erziehung fehlen, herrschen wahrscheinlicher naturhafte Zustände: Verfolgung, Hunger, Entfremdung, Umweltgefährdung.

Das problemlösende Wissen der Menschheit und der einzelnen Menschen wird vor allem durch die Wissenschaften geprüft und geschaffen. Diese jedoch arbeiten weitgehend unabhängig voneinander, jede für sich, getrennt. Da für eine kritische Theorie des Alltags das alle Bereiche umfassende Leben das oberste Maß setzt, ist es notwendig, das unverbunden nebeneinander existierende Wissen problemlösend zusammenzubringen. Die Metapher „Kraft" hat sich hierzu bewährt: Jedes Wissenselement wird als wirkende Substanz aufgefaßt, die mit anderen Substanzen in Wechselwirkung steht. Verknüpft mit dem systemischen Denken Hegels ermöglicht ein solcher Kraft-Begriff dem Handelnden, in Kräfte-Systemen zu denken und Kräfte-Systeme zu realisieren – also die unterschiedlichen Wissens-Elemente als Kräfte problembezogen miteinander zu verbinden und problemlösend zur Wirkung zu bringen. Diese integrierende Leistung des Existentiellen Handelns (das sich damit als Gedankengebäude auch selbst schafft), ist sein großer Vorzug: Jeder Einzelne steht mit Hilfe des Existentiellen Handelns im Mittelpunkt seiner Lebenswelt und gestaltet sie mit; er bleibt dadurch kein von außen bewegtes, gesteuertes Objekt, sondern entfaltet sich als argumentierende Kraft unter Kräften, gestützt durch ein bewußtes Lebenskonzept und eine funktional geordnete Lebensstruktur.

Selbst- und Umweltgestaltung geschehen am zuverlässigsten durch argumentbegründetes Handeln. An einer solchen Handlung, ob sie nun Kommunizieren oder Produzieren zum Ziele hat, sind alle Aktivitäten und Eigenschaften des Menschen beteiligt – die seiner Vernunft und die seiner Körperlichkeit, in Wechselwirkung mit der Umwelt.

Eine Handlung wird im Kopfe vorbereitet, geschieht in der Umwelt, und ihre Wirkung wird im Kopfe bewertet. Da sie, auf das gute Leben gerichtet, zielorientiert entworfen und realisiert wird, hat sie sich in sechs Schritten zu vollziehen: Zielfindung, Analyse, Planung, Organisation, Realisierung und Evaluation. Diese Schritte strukturieren daher auch den Verlauf der funktionsbegründeten Handlungskompetenzen, von Selbstberatung, Kommunizieren und Produzieren.

Abbildung 16 faßt als Modell die vorhergehenden Abbildungen der Selbstberatung (Abb. 9) sowie die des kommunizierenden (Abb. 13) und produzierenden Menschen (Abb. 15) zusammen. Dies ist schon deshalb gegeben, weil jede einzelne Handlung, wird sie genauer betrachtet, einen selbstberatenden, einen kommunizierenden und einen produzierenden Aspekt hat, wenn auch, zweckabhängig, diesen Aspekten jeweils größeres oder kleineres Gewicht zukommt: Der Handelnde erscheint also in der Abbildung zweifach, einmal als sich selbst beratendes und kommunizierendes Handlungs-System (kmHS, doppelt umrandet), dann als sich selbst beratendes, aber produzierendes Handlungs-System (pmHS, doppelt umrandet).

Worin bestehen die Leistungen des Modells? Es erleichtert, die Lebenswelt zu erkennen und zu gestalten, also den Alltag zu beschreiben, zu bewerten und zu verändern. Es faßt hierzu das Geschehen als ein Gefüge aus willkommenen oder unwillkommenen Problemen auf und zeigt dadurch, daß eine auf das gemeinsame gute Leben zielende Selbstgestaltung eine ausgebildete Selbstberatung und formal wie inhaltlich entwickelte Kommunikations- wie Produktionskompetenzen zu umfassen hat. Und diese Kompetenzen werden nicht nur gefordert, sondern sie werden als Modelle auch alltagsbezogen vorgestellt und angeboten.

Selbstberatung sowie Kommunikations- und Produktionskom-

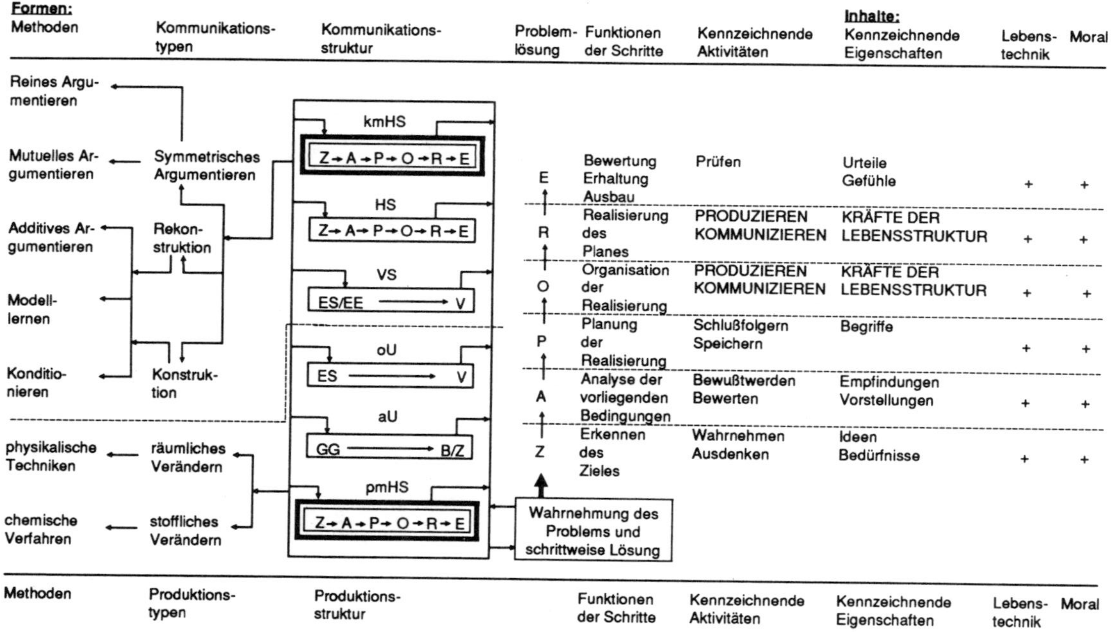

Abb. 16: Modell einer kritischen Theorie des Alltags. Gemeinsames gutes Leben durch Selbstberatung, Kommunizieren und Produzieren. – Die Abbildung gibt die doppelte Perspektive jedes mutuellen Handlungs-Systems wider (doppelt umrahmte Rechtecke), das durch Selbstberatung, Kommunizieren (kmHS) und Produzieren (pmHS) ein Problem lösen will. (Die Abbildung wird im Text erläutert.)

petenzen machen deutlich, daß Selbstgestaltung mit der Fähigkeit zur Umweltgestaltung verknüpft ist, mit ihr in Wechselwirkung steht: diese drei Kompetenzbereiche zielen ja auf äußeres Handeln, folglich auf ein Handeln, das sich mit anderen Menschen oder mit der organischen und anorganischen Natur befaßt. Aus dem Modell sind daher Teilmodelle abzuleiten, die auf den drei Ebenen des Handelns (Gesellschaft, Institutionen oder Organisationen, Interaktionen) dazu beitragen, gemeinsames gutes Leben wahrscheinlicher zu machen:

Das Handeln, das sich an Menschen richtet, hat die Möglichkeiten des Adressaten zu berücksichtigen. Er ist moralisch gleichberechtigt, aber nicht lebenstechnisch gleich. Das Modell zeigt, welche unterschiedlichen Formen des Kommunizierens zur Verfügung stehen, um dem Adressaten gerecht zu werden. Teilweise sind es Formen, die erst durch das Modell als notwendige Methoden erkannt und entwickelt wurden, insbesondere das mutuelle sowie das additive Argumentieren.

Das Handeln, das auf die Natur einwirkt, hat seine verhaltensgesetzlichen, physikalischen und chemischen Verfahren am gemeinsamen guten Leben auszurichten, nur das ist berechtigt. Es genügt folglich nicht, daß die Arbeitswelt genug Produkte als Mittel des Lebens schafft, es sind auch die Bedingungen des Produzierens menschengerecht zu gestalten sowie die Produkte in Gleichberechtigung zu verteilen. Exemplarisch wird dies an den Problemen „Soziale Marktwirtschaft", „Ideales Unternehmen" und „Vermögenspädagogik" verdeutlicht.

Das Modell beansprucht, alle Wechselwirkungen in der Welt zu umfassen, sie zumindest anzusprechen. Es ist als Abbildung einer kritischen Theorie des Alltags also ein Lebens-Welt-Modell. Wer daher handeln, folglich ein praktisches oder wissenschaftliches Ziel erreichen will, und das gemeinsame gute Leben ist immer das wesentliche Ziel, kann mit Hilfe des Modells zuverlässiger erkennen, welche günstigen oder ungünstigen Wirkungen er zu erwarten hat und welche Kräfte er problemlösend einsetzen sollte, um dem gemeinsamen guten Leben näher zu kommen.

Er wird dann bald konkret erfahren, daß mit Kommunizieren und Produzieren befaßte kleine bis große Kräfte-Systeme, das heißt Produktions- und Kommunikationsorganisationen, entweder nachhaltig versuchen, ihn sich einzuverleiben, indem sie durch ihre

Produkte und ihre Sichtweisen seinen Alltag bestimmen – oder ihn ausgrenzen wollen. Eine kritische Theorie des Alltags, die Ziele, Mittel und existentiell relative Bedeutung solcher Kräfte-Systeme offenlegen kann sowie Kriterien an die Hand gibt, aus dem Angebot dieser Organisationen dem eigenen Lebenskonzept entsprechend auszuwählen, schwächt ihre Macht grundsätzlich. Sie stärkt hingegen das Individuum, das im Mittelpunkt seiner eigenen Lebenswelt stehen und gerechtfertigt handeln will. Und das hat der Ansatz „Existentielles Handeln" sich zum Ziel gesetzt.

Abschließend habe ich allen zu danken, die seit 1975 die Darstellung des Ansatzes in Vorlesungen ertragen oder sogar an der Weiterentwicklung mitgearbeitet haben. Letztere waren ausschließlich Studenten, in kleinen und kleinsten Gruppen. Ich bewundere ihre Widerstandskraft, sich damals trotz aller Ablehnung von seiten der etablierten Humanwissenschaften mit den Anfängen dieser Theorie zu befassen.

Grundidee und Grundtext mußten seither nicht geändert werden. Im Gegenteil: eine Analyse der humanwissenschaftlich wichtigen Zeitschriften des Jahres 1991 zeigt, daß man im deutschen und angelsächsischen Sprachraum zunehmend ähnlich denkt, forscht und entwickelt. Die damalige, aber wirklich ausnahmslose Ablehnung versteht man heute nur noch durch den Vergleich mit wichtigen Zeitschriften beispielsweise des 2. Halbjahres 1976: Für die deutsche Soziologie war PARSONS, über zehn Jahre nach der Veröffentlichung seiner evolutionär-systemischen Soziologie, ein konservativer Rollentheoretiker; in der Psychologie dominierte eine naturwissenschaftliche Verhaltenstheorie, die andererseits, Jahrzehnte nach Konrad LORENZ, Charles DARWIN in seiner Bedeutung für die Körperlichkeit des Menschen nicht hinreichend berücksichtigte – von KANT nicht zu reden, der auch in der Erziehungswissenschaft und weitgehend selbst in der Philosophie als gegenwartsloses Archivthema galt. Dem Kategorischen Imperativ zu unterstellen, er sei inhaltsfrei (und fordere also nicht das moralisch Essentielle, die Gleichberechtigung), war üblich.

Außerdem: Der Glaube an die Möglichkeit, durch Wissenschaft die endgültige Wahrheit gewinnen zu können, beherrschte aus metaphysischen und politischen Gründen die öffentliche und wissenschaftliche Meinung.

Das alles ist mittlerweile dabei, sich zu ändern. Die Notwendigkeit, als Mensch relativ zum Menschen zu denken, setzt sich durch. Insofern habe ich auch denjenigen zu danken, die indirekt dazu beigetragen haben, daß der Ansatz heute nicht mehr als lediglich an Universitäten gelesene graue Literatur, sondern als Theorie gesellschaftsweit veröffentlicht werden kann.

Literatur

Aebli, H. (1983): Zwölf Grundformen des Lehrens. Stuttgart: Klett.

Alexy, R. (1978): Eine Theorie des praktischen Diskurses. In: W. Oelmüller (Hrsg.), Materialien zur Normendiskussion. Bd. 2. Paderborn: Schöningh.

Aristoteles (384–322 v. Chr.) (1979): Nikomachische Ethik. Berlin: Akademie Verlag.

Augustinus, A. (413) (1966): Der Gottesstaat. Bd. 1. Salzburg: Otto Müller Verlag.

Averroes (1126–1198) (1991): Philosophie und Theologie. Übersetzt von M. J. Müller. Weinheim: VCH, Acta Humaniora.

Bachelard, G. (1927): Essai sur la connaissance approchée. Paris 1969: Librairie philosophique J. Vrin.

Baltes, Paul, B., und J. Smith (1990): Weisheit und Weisheitsentwicklung: Prolegomena zu einer psychologischen Weisheitstheorie. In: Zeitschrift für Entwicklungspsychologie u. Pädagogische Psychologie. Band XXII. Heft 2.

Baltes, P. (1978): Modell pädagogischen Handelns. Trier: Universität Trier, Abteilung Pädagogik.

– (1982): Existentielle Handlungsberatung in der Pädagogik. Universität Trier, Abteilung Pädagogik.

– (1988): Pädagogik als existentielles Handeln. Modell der Bildung, Erziehung und Beratung, Frankfurt a. M.: Lang Verlag.

– (1991): Existentielles Handeln. Frankfurt a. M.: Lang Verlag.

Baltes, P., und Projektgruppe E. H. B. (1984): Existentielles Handeln in der Pädagogik. Universität Trier, Abteilung Pädagogik. Berichte und Studien Nr. 11.

– (1985): Modell der mutuellen Erziehung. Universität Trier, Abteilung Pädagogik, Berichte und Studien Nr. 16.

Bandura, A. (1979): Sozial-kognitive Lerntheorie. Stuttgart: Klett-Cotta.

– (1986): Social foundations of thought and action. Englewood Cliffs, N. J.: Prentice Hall.

Berelson, B., und G. A. Steiner (1972): Menschliches Verhalten. Weinheim: Beltz.

Birren, J. E. (1981): Development Psychology. A Life-Span Approach. Boston: Houghton Mifflin.

Blumer, H. (1973): Der methodologische Standort des symbolischen Interaktionismus. In: AG Bielefelder Soziologen (Hrsg.), Alltagswissen, Interaktion und gesellschaftliche Wirklichkeit. Bd. 1. Reinbeck: Rowohlt.
Boesch, E. E. (1971): Zwischen zwei Wirklichkeiten. Bern: Huber.
Bohr, N. (1938): Atomphysik und menschliche Erkenntnis. Braunschweig 1958: Vieweg.
Bronfenbrenner, U. (1979): The Ecology of Human Development. Cambridge: Harvard University Press.
Claupein, E. (1990): Vermögen und Vermögensbildungsprozesse der privaten Haushalte. Berlin: Duncker & Humblot.
Darwin, Ch. (1859): Die Abstammung des Menschen. Stuttgart 1966: Kröner Verlag.
Devaney, R. L. (1989): An Introduction to Chaotic Dynamical Systems. Redwood City, California: Addison-Wesley.
DGB-Bundesvorstand (Hrsg.) (1976): Die deutsche Gewerkschaftsbewegung DGB. Bonn-Bad Godesberg: Vorwärts-Druck.
Eisenberg, N., P. A. Miller et al. (1991): Prosocial Development in Adolescence: A Longitudinal Study. In: Developmental Psychology, Nr. 5, S. 849–857.
Eisler, R. (1930): Wörterbuch der philosophischen Begriffe. Berlin: Mittler & Sohn.
Epstein, S. (1979): Entwurf einer integrativen Persönlichkeitstheorie. In: S.-H. Filipp (Hrsg.), Selbstkonzept-Forschung: Probleme, Befunde, Perspektiven. Stuttgart: Klett-Cotta.
Erikson, E. H. (1959/71): Identität und Lebenszyklus. Frankfurt a. M.: Suhrkamp.
Eysenck, H., und M. W. Eysenck (1987): Persönlichkeit und Individualität. München: Psychologie Verlags Union.
Festinger, L. (1978): Theorie der kognitiven Dissonanz. Bern: Huber.
Fisher, R., und W. Ury (1981): Getting to Yes. Boston: Hougton Mifflin Company.
Freud, S. (1938): Abriß der Psychoanalyse. Frankfurt a. M. 1953: Fischer Bücherei.
Gordon, Th. (1976): Familienkonferenz – Die Lösung von Konflikten zwischen Eltern und Kind. Hamburg: Hoffmann und Campe.
Habermas, J. (1965): Erkenntnis und Interesse. In: J. Habermas (Hrsg.), Technik und Wissenschaft als „Ideologie". Frankfurt a. M.: Suhrkamp.
– (1971): Vorbereitende Bemerkungen zu einer Theorie der kommunikativen Kompetenz. In: J. Habermas und N. Luhmann, Theorie der Gesellschaft oder Sozialtechnologie. Was leistet die Systemforschung? Frankfurt a. M.: Luchterhand.
Hare, R. M. (1981): Moral thinking. Its levels, method, and point. Oxford: Clarendon.

Hegel, G.W.F. (1797/98): Entwürfe über Religion und Liebe. In: Werke. 1. Frühe Schriften. Frankfurt a.M. 1971: Suhrkamp.

– (1812/13): Wissenschaft der Logik. Bd. 1. In: F. Hogemann und W. Jaeschke (Hrsg.), Hegel. Gesammelte Werke. Bd. 11. Hamburg 1978: Meiner.

Hinske, N. (1989): Die „Ratschläge der Klugheit" im Ganzen der Grundlegung. In: O. Höffe (Hrsg.), Grundlegung der Metaphysik der Sitten. Ein kooperativer Kommentar. Frankfurt a.M.: V. Klostermann.

Holland, J.G., und B.F. Skinner (1974): Analyse des Verhaltens. München: Urban & Schwarzenberg.

Husserl, E. (1929): Cartesianische Meditationen. Hamburg 1977: Meiner.

Janke, W. (Hrsg.) (1986): Angst und Psychopharmaka. Stuttgart: Kohlhammer.

Jokisch, R. (1981): Kraft und Identität. In: Zeitschrift für allgemeine Wissenschaftstheorie. Wiesbaden: Franz Steiner Verlag.

KAB (Katholische Arbeitnehmerbewegung) Bundesvorstand (Hrsg.) (1984): Der Arbeitnehmer als Unternehmensmitglied. Köln: Heiderdruck.

Kaiser, A. (1986): Bildungsarbeit mit Erwachsenen. München: Lexika-Verlag.

Kant, I. (1784/85): Metaphysik (J. W. Volckmann). In: Akademie-Ausgabe. Kants gesammelte Schriften. Bd. XXVIII. Berlin 1968: de Gruyter.

– (1785): Grundlegung zur Metaphysik der Sitten. In: E. Cassirer (Hrsg.), Immanuel Kants Werke. Bd. 4. Berlin 1922: Cassirer.

– (1788): Kritik der praktischen Vernunft. In: E. Cassirer (Hrsg.), Immanuel Kants Werke. Bd. 5. Berlin 1922: Cassirer.

– (1793): Über den Gemeinspruch: Das mag in der Theorie richtig sein, taugt aber nicht für die Praxis. In: E. Cassirer (Hrsg.), Immanuel Kants Werke. Bd. 6. Berlin 1923: Cassirer.

– (1797): Schriften zur Ethik und Religionsphilosophie. Über ein vermeintes Recht aus Menschenliebe zu lügen. In: W. Weischedel (Hrsg.), Immanuel Kant. Werke. Bd. 4. Darmstadt 1970: Wissenschaftliche Buchgesellschaft.

Kaulbach, F. (1978): Das Prinzip Handlung in der Philosophie Kants. Berlin, New York: de Gruyter.

Keynes, J.M. (1936): Allgemeine Theorie der Beschäftigung und des Geldes. Berlin 1974: Duncker & Humblot.

König, E. (1975): Theorie der Erziehungswissenschaft. Bd. 1. München: Fink Verlag.

Kohlberg, L. (1981): The philosophy of moral development. San Francisco: Harper & Row.

Krappmann, L. (1982): Soziologische Dimensionen der Identität. Stuttgart: Klett-Cotta.

Krassin, J. (1989): Demokratische Alternative. In: Marxistische Blätter. Heft 3. Neuss: Verlag Marxistische Blätter.
Lamp, M.E. (1984): Social and emotional Development in Infancy. In: M.H. Bornstein und M.E. Lamp (Hrsg.), Developmental Psychology. London: Erlbaum.
Laotse (6.Jh. v. Chr.): Tao te king. Düsseldorf 1972: Diederichs Verlag.
Lewin, K. (1951): Feldtheorie. In: C.-F. Graumann (Hrsg.), Kurt-Lewin-Werkausgabe. Bd.4. Bern 1982: Huber.
Losee, J. (1977): Wissenschaftstheorie. München: Beck.
Marx, K. (1844): Ökonomisch-philosophische Manuskripte. Berlin 1973: Dietz.
Meichenbaum, D. (1979): Kognitive Verhaltensmodifikation. München: Urban & Schwarzenberg.
Merton, R.K. (1968): Social Theory and Social Structure. New York: The Free Press.
Mollenhauer, K. (1972): Theorien zum Erziehungsprozeß. München: Juventa.
Müller-Armack, A. (1946): Wirtschaftsordnung und Wirtschaftspolitik. Freiburg i.Br. 1966: Rombach.
Nell-Breuning, O. von (1969): Mitbestimmung – Wer mit wem? Freiburg i.Br.: Herder.
Neubauer, W.F. (1976): Selbstkonzept und Identität im Kindes- und Jugendalter. München: Reinhardt.
Newton, I (1687): Mathematische Grundlagen der Naturphilosophie. Hamburg 1988: Meiner Verlag.
Nietzsche, F. (1886/87): Jenseits von Gut und Böse. Zur Genealogie der Moral. Berlin 1968: de Gruyter.
Oeser, E., und F. Seitelberger (1988): Gehirn, Bewußtsein und Erkenntnis. Darmstadt: Wissenschaftliche Buchgesellschaft.
Parsons, T. (1966): Gesellschaften. Evolutionäre und komparative Perspektiven. Frankfurt a.M. 1975: Suhrkamp.
– (1976): Zur Theorie sozialer Systeme. Opladen: Westdeutscher Verlag.
– (1980): Zur Theorie der sozialen Interaktionsmedien. Opladen: Westdeutscher Verlag.
Piaget, J. (1964): Theorien und Methoden der modernen Erziehung. Wien 1972: Verlag Fritz Molden.
– (1969): Das Erwachen der Intelligenz beim Kinde. Stuttgart: Klett.
– (1976): Die Äquilibration der kognitiven Strukturen. Stuttgart: Klett.
Rawls, J. (1975): Eine Theorie der Gerechtigkeit. Frankfurt a.M.: Suhrkamp.
Reynolds, G.S. (1968): A Primer of Operant Conditioning. Glenview, Illinois: Scott, Foresman.
Rogers, C. (1951): Die klient-bezogene Gesprächstherapie. Client Centered Therapy. München 1973: Kindler.

Samuelson, P.A. (1985): Volkswirtschaftslehre: Grundlagen der Makro- und Mikroökonomie. Bd. 2. Köln 1987: Bund-Verlag.
Schaefer, H. und P. Novak (1972): Anthropologie und Biophysik. In: H.-G. Gadamer und P. Vogler (Hrsg.), Neue Anthropologie. München: DTV.
Schmölders, G. (1969): Der Umgang mit Geld im privaten Haushalt. Berlin: Duncker & Humblot.
Schwemmer, O. (1979): Praktische Begründung, rationale Rekonstruktion und methodische Überprüfung. In: H. Lenk (Hrsg.), Handlungstheorien interdisziplinär. Bd. 2, 2. München: Fink.
Searle, J. R. (1987): Intentionalität. Frankfurt a. M.: Suhrkamp.
Seneca, L. A. (gest. 65 n. Chr.) (1971): Über das glückliche Leben. Darmstadt: Wissenschaftliche Buchgesellschaft.
Siebert, H. (1989): Einführung in die Volkswirtschaftslehre. Stuttgart: Kohlhammer.
Skinner, B. F. (1970): Futurum II. Hamburg: Wegner.
Sokolov, A. N. (1972): Inner Speech and Thought. New York: Plenum.
Staub, E. (1982): Entwicklung prosozialen Verhaltens. München: Urban & Schwarzenberg.
Stegmüller, W. (1974): Wissenschaftliche Erklärung und Begründung. Berlin: Springer.
Thomae, H. (1973): Formen der Daseinsermöglichung. In: H.-G. Gadamer und P. Vogler (Hrsg.), Neue Anthropologie. Bd. 5: Psychologische Anthropologie. Stuttgart: DTV.
Thompson, T., und J. Grabowsky (Hrsg.) (1976): Verhaltensmodifikation bei Geistig-Behinderten. München: Reinhardt.
Ulmer, K., W. Häfele und W. Stegmaier (1987): Bedingungen der Zukunft. Stuttgart: Verlag frommann-holzboog.
Warburton, D. M. (1975): Brain, Behaviour and Drugs. Introduction to the Neurochemistry of Behaviour. London: Wiley & Sons.
Wickler, W., und U. Seibt (1977): Das Prinzip Eigennutz. Hamburg: Hoffmann & Campe.
Wiszniewsky, A. (1979): Der außerstädtische Bereich als pädagogisches Feld. Eine empirisch-handlungswissenschaftliche Analyse der Problemlage einer typischen Gemeinde. Trier: Universität Trier, Abteilung Pädagogik (unveröffentlichte Diplomarbeit).

WB-Forum

1993. VI, 165 S., kart.
3-534-80148-2

Am Ende des Mittelalters wird das Leben als biologische Lebensspanne entdeckt. Das Leben wird buchstäblich zur einzigen und letzten Gelegenheit. Sicherheit und Beschleunigung werden zur vordringlichen Aufgabe der Weltverbesserung. Sicherheit, um dem Einzelleben seine durchschnittliche Lebensspanne zu garantieren und Beschleunigung, um die unerträgliche Kluft zwischen den unendlichen Möglichkeiten, die die Welt bereithält, und der kläglichen Zeit, die dem einzelnen zu deren Ausschöpfung zur Verfügung steht, wenigstens zu verringern. Der Mensch gerät in Panik. Neben den Tod tritt ein noch ärgerer Widersacher des Lebens: die Angst, etwas zu versäumen.

1993. VIII, 144 S., kart.
3-534-80162-8

Die hier gesammelten Essays zeigen die neue Macht der philosophischen Argumentation. Jenes Philosophierens, das nicht innerhalb der akademischen Mauern verharrt, sondern sich in Fragen von öffentlichem Interesse einmischt, das Stellung bezieht. Zur Frage der Verantwortung in Naturwissenschaft und Technik. Zur Kernenergie. Zur Gentechnologie. Zur Medizin. Zur Kulturtechnik und zum Computer. Zur Rüstung, Abrüstung, Krieg und Frieden. Ausgewogen. Aber kompromißlos. Nachdenklich und anspruchsvoll. Aber verständlich. Ein Stück lebendiger Zeitgeschichte im Spiegel eines Zeitgenossen, der sich Gehör verschafft.

1993. X, 107 S., kart.
3-534-80147-4

„Shalom" – Friede – ist ein Zentralbegriff jüdischen Denkens. Ziel des Bandes ist eine Analyse der Bedeutungshorizonte jüdischer Friedenssehnsucht ausgehend von biblischen Zeugnissen des alten Israel über die Texte talmudischer Überlieferung und jüdischer Religionsphilosophie bis in die Aktualität des 20. Jahrhunderts. Im Kontext von Auschwitz und Nahostkonflikt wird der Frage nachgegangen, welche Wirkungsgeschichte und Wirkkraft das jüdische Friedensideal bis in die Gegenwart hat. „Dieses Buch ist originell, klar und trotzdem von wissenschaftlicher Schärfe. Ich halte es für einen wichtigen Beitrag zum gegenwärtigen theologischen Denken." (Neil Postman)

Wissenschaftliche Buchgesellschaft